Christine Kramel
Thomas Stahl

PRÜFUNG EXPRESS

telc Deutsch C1 Hochschule

Übungsbuch mit Audios online
Deutsch als Fremdsprache

Hueber Verlag

Quellenverzeichnis
S. 8: Text „Stress im Studium“: Kristin Unold, Gesundheitsmanagement, Universität Bielefeld

Fachliche Beratung: Felix Breitkreuz, Leitung Alpadia Language School Berlin

Die Audiodateien finden Sie in der *Hueber Media*-App
und unter: www.hueber.de/pruefung-express

Sprecherinnen und Sprecher: Julia Haake, Kevin Iannotta, Tinka Kleffner, Lenny Peteanu, Verena Rendtorff, Maik Rogge, Patricia Strasburger, Angelika Utto, Martin Valdeig, Alexander Wohnhaas
Produktion: Atrium Studio Medienproduktion GmbH, München, Deutschland

5. 4. 3. | Die letzten Ziffern
2030 29 28 27 26 | bezeichnen Zahl und Jahr des Druckes.
Alle Drucke dieser Auflage können, da unverändert, nebeneinander benutzt werden.
1. Auflage

Umschlaggestaltung: Sieveking Agentur, München
Layout und Satz: Sieveking Agentur, München
Verlagsredaktion: Andreas Tomaszewski, Hueber Verlag, München
GPSR-Kontakt: Hueber Verlag GmbH & Co. KG, Baubergerstraße 30,
80992 München, kundenservice@hueber.de
Druck und Bindung: Friedrich Pustet GmbH & Co. KG, Gutenbergstraße 8,
93051 Regensburg, technik@pustet.de
Printed in Germany
ISBN 978–3–19–511651–0

Art. 530_27004_001_03

VORWORT

Zur Reihe „Prüfung Express“

Sie haben Deutsch *gelernt* und wollen sich jetzt erfolgreich auf eine Prüfung vorbereiten?
Sie *unterrichten* Deutsch, haben mit Ihrer Kursgruppe ein bestimmtes Niveau erreicht und wollen Ihre Lernenden erfolgreich auf die entsprechende Prüfung vorbereiten?
Dann ist „Prüfung Express“ genau das Richtige für Sie.

„Prüfung Express“ informiert schnell und unkompliziert über die verschiedenen Prüfungen im Bereich Deutsch als Fremdsprache / Deutsch als Zweitsprache und bereitet effektiv auf die jeweilige Prüfung vor.

Jeder Band enthält zwei Modellprüfungen mit allen Prüfungsaufgaben:

Modellprüfung 1: Hier lernen Sie die Prüfung kennen. Zu jeder Prüfungsaufgabe bekommen Sie Informationen zur Dauer, zu den Punkten und zum Aufgabentyp. Gleichzeitig erhalten Sie wertvolle Tipps und Tricks, die Ihnen zeigen, wie Sie die Prüfungsaufgaben am besten lösen.

Modellprüfung 2: Hier üben Sie alles, was Sie in der Modellprüfung 1 gelernt haben. Modellprüfung 2 ist eine Simulation der echten Prüfung.

Im Anhang finden Sie Strategien und Ausdrücke, die Sie für die Prüfungsteile *Schriftlicher Ausdruck* und *Mündlicher Ausdruck* gebrauchen können, sowie kommentierte Lösungen und die Transkriptionen der Hörtexte.

Zu jedem Titel der Reihe „Prüfung Express“ gibt es eine App, mit der Sie die Audios zum Prüfungsteil *Hörverstehen* abspielen können. Die Audios finden Sie außerdem unter www.hueber.de/pruefung-express.

Zur Prüfung „telc Deutsch C1 Hochschule“

Die Prüfung *telc Deutsch C1 Hochschule* richtet sich insbesondere an Erwachsene, die ein Studium aufnehmen möchten. Denn mit dem Zertifikat *telc Deutsch C1 Hochschule* werden Sprachkenntnisse nachgewiesen, die für ein Studium an einer deutschsprachigen Hochschule vorausgesetzt werden. Es wird an allen deutschen Hochschulen als Zulassungsvoraussetzung zum Studium anerkannt.
Daneben richtet sich die Prüfung auch an Personen, die bereits studieren oder in einem akademischen Beruf arbeiten und ihre Deutschkenntnisse nachweisen möchten.

Voraussetzung für die Teilnahme an der Prüfung sind ausreichende Sprachkenntnisse auf dem Niveau C1. Dabei spielt es keine Rolle, ob man diese in einem Sprachkurs oder auf einem anderen Weg erworben hat.
Die Prüfung kann weltweit an telc-Prüfungszentren abgelegt werden. Sie wird nach einheitlichen Standards durchgeführt und zentral ausgewertet. Genauere Informationen erhalten Sie über die Homepage der telc gGmbH.

INHALTSVERZEICHNIS

Die Prüfung im Überblick

Die Prüfung besteht aus den folgenden Teilen:

→ **Leseverstehen und Sprachbausteine**
→ **Hörverstehen**
→ **Schriftlicher Ausdruck**
→ **Mündlicher Ausdruck**

	Teil	Texte	Punkte (insgesamt 214)	Minuten
1 Leseverstehen	1 2 3	Zeitschriftenartikel, kurzer Aufsatz, Essay o. Ä. Sachtext aus Zeitung, Zeitschrift o. Ä. Sachtext aus Zeitung, Zeitschrift o. Ä.	48 (24 Aufgaben × 2 Punkte)	insgesamt 90 15* 15* 30*
2 Sprachbausteine		Sachtext aus Zeitung, Zeitschrift o. Ä.	22 (22 Aufgaben × 1 Punkt)	25* plus 5 Minuten für den Antwortbogen
Zwischen dem Prüfungsteil Sprachbausteine und Hörverstehen gibt es eine Pause von 20 Minuten.				
3 Hörverstehen	1 2 3	kurze Interviews mit einzelnen Personen Interview mit einer Person oder zwei Personen Vortrag/Vorlesung	48 (28 Aufgaben, 8 × 1 Punkt, 20 × 2 Punkte)	insgesamt ca. 40
4 Schriftlicher Ausdruck		Sachtext, eventuell mit essayistischen Zügen	48	insgesamt 70
Die Prüfung „Mündlicher Ausdruck“ kann am gleichen Tag wie die schriftliche Prüfung oder an einem anderen Tag stattfinden.				
5 Mündlicher Ausdruck	1A 1B 2	Präsentation/Kurzreferat Zusammenfassung/Anschlussfragen Diskussion	insgesamt 48: 1A: 6, 1B: 4, 2: 6 plus 32 Punkte für sprachliche Angemessenheit	insgesamt 16 für zwei Teilnehmende plus 20 Minuten Vorbereitungszeit

* Diese Minutenangaben dienen für Sie zur Orientierung: Länger sollten Sie für den jeweiligen Teil nicht brauchen, sonst kommen Sie am Ende in Zeitnot und schaffen nicht alle Aufgaben.

WICHTIGE HINWEISE

→ Bei der schriftlichen Prüfung müssen Sie Ihre Lösungen innerhalb der Prüfungszeit auf den Antwortbogen schreiben. (Dieser hat die Bezeichnung „S30“.)
→ Sie dürfen den Antwortbogen der schriftlichen Prüfung nur mit Bleistift ausfüllen.
→ Sie dürfen kein eigenes Papier mitbringen. Sie bekommen Notizpapier in der Prüfung von Ihrem Prüfungszentrum.
→ Wörterbücher, elektronische Geräte und andere Hilfsmittel sind in der Prüfung nicht erlaubt.
→ Ihr Mobiltelefon müssen Sie vor der Prüfung ausschalten und zur Aufbewahrung im Prüfungszentrum abgeben.

Informationen zum Prüfungsteil Leseverstehen und Sprachbausteine

Der Prüfungsteil *Leseverstehen und Sprachbausteine* besteht aus vier Teilen und dauert 90 Minuten (inklusive Übertragung der Lösungen auf den Antwortbogen). Sie lesen mehrere Texte, die unterschiedlich lang sind. Sie sollen dazu insgesamt 46 Aufgaben lösen.
Die Reihenfolge, in der Sie die Teile bearbeiten, können Sie selbst bestimmen.
Wenn Sie einen Teil besonders gut können (z. B. *Sprachbausteine*), dann fangen Sie mit diesem an.

Die Zeitangaben in der folgenden Tabelle dienen zu Ihrer Orientierung: Länger sollten Sie für die Bearbeitung der Aufgaben nicht brauchen, um nicht in Zeitnot zu geraten. Dann haben Sie noch 5 Minuten Zeit für die Übertragung Ihrer Lösungen auf den Antwortbogen. Nach diesem Prüfungsteil gibt es eine Pause von 20 Minuten.

Übersicht über die Prüfungsteile

Leseverstehen

Teil	Texte	Aufgaben	Zeit	Ziel
1	Sie lesen einen populärwissenschaftlichen Text, in dem Sätze fehlen. (Umfang 400–500 Wörter)	Sie rekonstruieren den Text, indem Sie 6 von 8 Sätzen der richtigen Stelle bzw. Lücke im Text zuordnen.	ca. 15 Minuten	Sie zeigen, dass Sie einen Text verstehen können, indem Sie den Text richtig vervollständigen. (Globalverstehen und Detailverstehen)
2	Sie lesen einen Sachtext zu einem wissenschaftlichen oder studienbezogenen Thema. (Umfang 650–850 Wörter)	Sie ordnen 6 Aussagen jeweils einem Textabschnitt zu.	ca. 15 Minuten	Sie zeigen, dass Sie Einzelinformationen in einem Text verstehen können. (Selektivverstehen)
3	Sie lesen einen Sachtext zu einem wissenschaftlichen oder studienbezogenen Thema. (Umfang 1000–1200 Wörter)	Sie entscheiden bei 11 Aussagen, ob die Information richtig, falsch oder nicht im Text enthalten ist. Außerdem wählen Sie aus 3 möglichen Überschriften diejenige aus, die am besten zum Text passt.	ca. 30 Minuten	Sie zeigen, dass Sie Detailinformationen sowie das Thema eines längeren Lesetextes erfassen können. (Detailverstehen und Globalverstehen)

Sprachbausteine

	Texte	Aufgaben	Zeit	Ziel
	Sie lesen einen Sachtext mit Lücken. (Umfang 320–350 Wörter)	Sie wählen für jede Lücke die passende Ergänzung aus einer Auswahl von jeweils 4 Möglichkeiten aus.	ca. 25 Minuten	Sie zeigen, dass Sie grammatische Strukturen, Wortschatz und Rechtschreibung auf einem hohen Niveau beherrschen.

Info

Dauer: ca. 15 Minuten
Text: Zeitungsartikel, kurzer Aufsatz, Essay o. Ä.
Aufgaben: 6
Punkte: 12 (6 × 2)

Das muss ich tun!

Sie lesen einen Zeitungsartikel, einen kurzen Aufsatz, ein Essay o. Ä., in dem Sie 6 Sätze ergänzen müssen.
Sie wählen diese aus 8 möglichen Sätzen aus. 2 Sätze passen nicht.

Wie mache ich das?

1. Lesen Sie den Text auf Seite 8 möglichst schnell durch (maximal 2 Minuten), damit Sie einen ersten Eindruck bekommen, worum es in dem Text geht.
2. Lesen Sie dann das Beispiel **0** und Satz **z** auf Seite 9 und überlegen Sie kurz, warum **z** der passende Satz ist.
3. Lesen Sie jetzt die Sätze (**a–h**) auf Seite 9. Markieren Sie dabei Schlüsselwörter sowie sprachliche Mittel der Textverknüpfung, wie z. B. Pronomen (*diese*, *das* etc.), Konnektoren (*doch*, *aus diesem Grund* etc.) oder andere Verweiswörter (*dazu*, *auch heute noch* etc.). (Siehe Seite 10 und 14.)
4. Lesen Sie nun den Textteil vor und hinter Lücke **1** genau und ordnen Sie den Lösungssatz zu, der für Sie inhaltlich und grammatisch am besten passt.
5. Notieren Sie den Buchstaben Ihrer Lösung auf dem Aufgabenblatt direkt in der Lücke.
6. Überprüfen Sie Ihre Lösung: Passen die verwendeten Pronomen und andere Verweiswörter? Stellen die verwendeten Konnektoren logische Bezüge her?
7. Wenn Sie für Lücke **1** keine Lösung finden, machen Sie mit Lücke **2** weiter, damit Sie nicht zu viel Zeit verlieren. (Sie haben pro Lücke 1–2 Minuten Zeit.)
8. Bearbeiten Sie nun die Lücken **2** bis **6** auf die gleiche Weise.
9. Sehen Sie sich jetzt die Lücken an, für die Sie noch keine Lösung gefunden haben. Da jetzt weniger Lösungssätze übrig sind, ist es leichter, eine Lösung zu finden.
10. Lesen Sie den ganzen Text noch einmal und überlegen Sie, ob er mit den eingefügten Sätzen sinnvoll aufgebaut ist.
11. Übertragen Sie am Ende des Prüfungsteils Ihre Lösung auf den Antwortbogen.

TIPPS

→ Bei dieser Aufgabe sollen Sie einen Text sinnvoll rekonstruieren. Achten Sie auf die Textzusammenhänge (z. B. die logische Struktur oder die zeitliche Abfolge im Text) und versuchen Sie, den Text sowohl global als auch im Detail zu verstehen.

→ Lesen Sie das direkte Umfeld der Lücken (den Satz davor und dahinter) sehr genau. Denn der fehlende Satz stellt eine Verbindung zwischen den Sätzen vor und hinter der Lücke her. (Den restlichen Text brauchen Sie nicht so genau zu lesen, das spart Zeit.)

→ Achten Sie besonders auf Aufzählungen (*dazu*, *weiterhin* etc.), Verneinungen (*nicht immer nur*, *ungeeignet etc.*) oder Zeitangaben (*inzwischen*, *in den letzten Jahren* etc.) im Umfeld der Lücke.

→ Machen Sie zum Schluss die Gegenprobe: Prüfen Sie die beiden Sätze, die Sie nicht als Lösung für eine Lücke gewählt haben, noch einmal als mögliche Ergänzungen.

→ Schreiben Sie immer eine Lösung, auch wenn Sie nicht ganz sicher sind. Sie könnte ja richtig sein.

Leseverstehen, Teil 1

Lesen Sie den folgenden Text. Welche der Sätze a–h gehören in die Lücken 1–6? Es gibt jeweils nur eine richtige Lösung. Zwei Sätze können nicht zugeordnet werden. Markieren Sie Ihre Lösungen für die Aufgaben 1–6 auf dem Antwortbogen.
Lücke (0) ist ein Beispiel.

Sie möchten sich über die Studienberatungsangebote an der Universität Bielefeld informieren. Auf der Homepage der Zentralen Studienberatung finden Sie im Bereich Gesundheitsförderung folgenden Text:

Stress im Studium

Wer kennt es nicht? Der Studienalltag kann sich manchmal zu einer enormen Belastung entwickeln. Referate und Hausarbeiten sind zu bewältigen und Prüfungen sollen möglichst erfolgreich abgelegt werden. ____0____ Ein riesiger Berg an Dingen, die zu erledigen sind, türmt sich auf und man weiß nicht mehr, wo einem der Kopf steht. Wer aber gibt schon gern zu, dem Druck nicht standzuhalten und unter diesem Stress zu leiden? Schnell entsteht der Eindruck, labil zu sein.

Was ist Stress?
Stress wird ganz individuell erlebt. Er ist eine Reaktion auf äußere Einflüsse, die sogenannten Stressoren. ____1____ In der Menschheitsgeschichte wurde Stress ursprünglich meist durch körperliche Bedrohungen ausgelöst. Dafür hat der menschliche Körper ein Stressreaktionsprogramm entwickelt. Das sollte ihn in Stresssituationen mit Energien versorgen, die ihm helfen, im Falle einer Bedrohung zu flüchten oder zu kämpfen. Dieses uralte und sehr erfolgreiche Programm läuft auch heute noch ab, wenn wir Stress erleben. ____2____ Denn diese Situationen sind weder mit Flucht noch mit Kampf zu bewältigen. Die Folge ist, dass die Energien, die vom Körper bereitgestellt werden, nicht verbraucht werden und daher durch andere Aktivitäten abgebaut werden müssen, z. B. durch regelmäßigen Sport.

Gesundheitliche Folgen von Stress
Ein besonderes Problem entsteht, wenn Stressoren über lange Zeit hinweg bestehen oder immer wieder erneut auftreten. Dann gelingt es dem Körper selbst in Erholungsphasen nicht mehr, auf ein Ruheniveau zurückzuschalten. ____3____ Unglücklicherweise verstärken weit verbreitete Stressbewältigungsversuche wie z. B. übermäßiges Rauchen, Alkohol, Tabletten, unregelmäßige Essgewohnheiten oder mangelnde körperliche Bewegung die negativen gesundheitlichen Folgen zusätzlich. ____4____ Eine mögliche Folge ist das so genannte „Burn-out-Syndrom", ein anhaltender und schwerer Erschöpfungszustand.

Stressbelastung von Studierenden
In vielen Köpfen herrscht noch immer das Bild des lockeren Studentenlebens vor. Für die meisten Studierenden ist dies heutzutage allerdings eine Illusion. Denn der Leistungsdruck hat in den letzten Jahren zugenommen, sodass der Stressfaktor „Studium" nicht unterschätzt werden sollte. ____5____ Die steigende Zahl von Studierenden, die die psychologischen Beratungsstellen der Hochschulen aufsuchen, ist dafür ebenfalls ein deutlicher Beweis.
Dabei geht es nicht immer nur um Lernstörungen, Leistungsprobleme und Prüfungsängste. ____6____ Neben den hohen Anforderungen im Studium bewältigen auch immer mehr Studierende Doppelbelastungen, wie die Vereinbarkeit von Studium und Arbeit oder von Studium und Familie.
Für viele dieser Bereiche haben wir auf unserer Website Beratungs- und stresspräventive Angebote der Universität Bielefeld aufgelistet. Außerdem finden sich hier auch einige interessante Literaturtipps zum Thema.

Beispiel:

z Dazu kommt noch ein Job, den man braucht, um das Studium zu finanzieren.

a Aus diesem Grund können wir in der Regel Stresssituationen auch heute noch gut bewältigen.

b Dauerstress kann weiterhin zu Störungen des psychischen Wohlbefindens führen.

c Depressive Verstimmungen oder Schlafstörungen und Unruhezustände sind auch häufige Folgen von Stress im Studium.

d Dies belegen inzwischen auch viele Studien.

e Diese können unterschiedliche physische und psychische Symptome hervorrufen.

f Doch zur Bewältigung von Prüfungen oder Konflikten ist es völlig ungeeignet.

g Psychische Probleme sind unter Studierenden aus diesem Grund zu einem Alltagsphänomen geworden.

h So kann es langfristig zu deutlichen Beeinträchtigungen der körperlichen Gesundheit kommen.

Umgang mit Schlüsselwörtern

Schlüsselwörter repräsentieren die zentralen Begriffe in einem Text. Sie funktionieren als „Schlüssel" zum Inhalt des Textes. Die Suche nach Schlüsselwörtern ist eine wichtige Lesestrategie: Sie kann helfen, die Hauptaussagen von ganzen Texten oder von Abschnitten zu erschließen und im Anschluss Zusammenfassungen von Texten zu formulieren.

Beispiel 1: Leseverstehen, Teil 2 (Seite 12–13)

In *Leseverstehen, Teil 2* müssen Sie Aussageabsichten des Autors / der Autorin den einzelnen Abschnitten des Lesetextes zuordnen, indem Sie im Text die passenden Schlüsselbegriffe finden: Die Aussageabsicht *Vorteile nennen* beispielsweise kann im Text in Form von Ausdrücken wie *dafür spricht, ...; als Vorteil kann man nennen ...* vorkommen.

In *Leseverstehen, Teil 2* auf Seite 12 wird konkret gefragt:

10 (In welchem Abschnitt) nennt der Autor Vorteile?

„Vorteile" kommen im Text in den Abschnitten **b** und **d** vor. Aber nur in **d** schreibt der Autor über die „wahren Vorteile". In Abschnitt **b** referiert er die Vorteile, die von den „Befürwortern von Latein" genannt werden; diese sind „jedoch nicht durch empirische Befunde gedeckt, vielmehr werden sie durch aktuelle Forschungsergebnisse als Mythos entlarvt".

Die Schlüsselwörter können also erste Hinweise geben, führen aber nicht automatisch zur richtigen Lösung. Lesen Sie daher einen Text zuerst als Ganzes, um ihn global zu erfassen, und dann die einzelnen Abschnitte genau, damit Sie die Aussagen wirklich verstehen. Seien Sie vorsichtig, wenn die Schlüsselwörter nicht paraphrasiert, sondern identisch im Text auftauchen und die Aussagen in den Aufgaben nur eine kleine Sinnverschiebung zu enthalten scheinen.

Beispiel 2: Hörverstehen, Teil 1 (Seite 25)

Bei Hörtexten geht man bei der Bestimmung von Schlüsselwörtern von den Aufgaben aus. Während der Hörtext abgespielt wird, muss man darauf achten, wann man das jeweilige Schlüsselwort hört, denn in dessen Umgebung hört man die Informationen zum Lösen der Aufgabe. Die Schlüsselwörter dienen hier also als eine Art „Verstehensinseln".
Achten Sie darauf, dass Sie nicht bei der Information eines Wortes stehenbleiben. Nur wenn Sie den Sinn des Satzes oder Sinnabschnitts erfasst haben, können Sie beurteilen, in welchem Sinnzusammenhang das Schlüsselwort steht und ob die Aussagen in Text und Aufgabe zusammenpassen.

In *Hörverstehen, Teil 1* auf Seite 25 wird konkret gefragt:

f In meinem Studentenjob kann ich Arbeit und Freizeit gar nicht trennen.
j Wenn man in der Gastronomie arbeitet, arbeitet man oft mit Freunden.

Informationen zu **f** und **j** gibt Sprecherin 1 (vgl. Track 1 bzw. Transkription Seite 97), denn das Schlüsselwort ist „Gastronomie" und sie sagt, dass sie in der „Gastro" (umgangssprachlich für „Gastronomie") arbeitet und weiter:
„Aber hey, ich bin jetzt jung und die Arbeit macht echt viel Spaß. In der Kneipe arbeiten total viele Leute, die ich auch vom Studium kenne, und über meine Kolleginnen habe ich auch ein Zimmer in ihrer WG gefunden. Eigentlich ist es Arbeit und Freizeit in einem, weil ich meine Freunde bei der Arbeit treffe und wir oft noch weiterfeiern, wenn die Kneipe schon zu hat."

Sie sagt, es ist „Arbeit und Freizeit in einem", also trennt sie diese beiden Bereiche nicht. **f** ist also richtig. Andererseits sagt sie, dass sie in der Kneipe mit Leuten arbeitet, die sie vom Studium her kennt, aber nicht, dass es ihre Freunde sind. **j** ist also falsch.

Info

Dauer: ca. 15 Minuten
Text: Sachtext aus einer Zeitung oder Zeitschrift
Aufgaben: 6
Punkte: 12 (6 × 2)

Das muss ich tun!

Sie lesen einen Sachtext mit 5 Abschnitten.
Dazu gibt es 6 Fragen, die Sie den Textabschnitten zuordnen müssen.
Für jede Frage gibt es nur einen passenden Abschnitt, aber zu einem Abschnitt können mehrere Fragen passen.
Es kann Abschnitte geben, zu denen keine der Fragen passt.
Sie müssen entscheiden, zu welchem Abschnitt die jeweilige Frage passt bzw. zu welchem Abschnitt keine Frage passt.

Wie mache ich das?

1. Lesen Sie den Text auf den Seiten 12 und 13 möglichst schnell durch (maximal 2–3 Minuten), damit Sie einen ersten Eindruck bekommen, worum es in dem Text geht.
2. Lesen Sie dann das Beispiel **0** auf Seite 12 und den Textabschnitt **b** auf Seite 13 und überlegen Sie kurz, warum **b** der passende Abschnitt ist.
3. Lesen Sie die sechs Fragen **7–12** auf Seite 12 und markieren Sie die jeweilige Schreibabsicht des Autors, z. B. Informationen geben, Gründe nennen, eine Empfehlung geben, zu etwas auffordern, Vermutungen anstellen, kritisieren, warnen, überzeugen, Vor- und Nachteile nennen, polemisieren, Zweifel ausdrücken etc.
4. Lesen Sie nun Textabschnitt **a** und überlegen Sie, welche Schreibabsicht oder Schreibabsichten der Autor hier hat.
5. Entscheiden Sie nun: Passt eine der Fragen zur Aussageabsicht des Abschnitts? Passen mehrere Fragen? Notieren Sie den Buchstaben des Abschnitts **a** bei der Frage oder den Fragen. Es kann aber auch sein, dass keine Frage zu dem Abschnitt passt. Nicht jeder Abschnitt muss in der Lösung markiert werden.
6. Bearbeiten Sie die Abschnitte **b–e** auf die gleiche Weise. Achten Sie dabei auf die Zeit: Sie sollten für die Zuordnung eines Abschnitts nicht mehr als anderthalb bis zwei Minuten brauchen.
7. Lesen Sie am Ende den ganzen Text noch einmal durch und überprüfen Sie dabei Ihre Lösung. Achten Sie darauf, dass Sie jeder Frage einen Abschnitt zugeordnet haben. Sehen Sie sich zur Sicherheit die Abschnitte noch einmal an, für die Sie keine Frage gefunden haben.
8. Übertragen Sie am Ende des Prüfungsteils Ihre Lösung auf den Antwortbogen.

TIPPS

→ Bei dieser Aufgabe sollen Sie zeigen, dass Sie verschiedene Aussageabsichten eines Autors in einem Text verstehen können. Sie müssen daher nicht den ganzen Text im Detail lesen, um die Aufgabe zu lösen.

→ Achten Sie auf bestimmte sprachliche Mittel, die Ihnen Hinweise auf die Schreibabsicht geben können: Beispielsweise kann die Verwendung von Aufforderungsformen wie Imperativ oder Konjunktiv II darauf hinweisen, dass der Autor einen Appell an die Leser formuliert. Adverbien wie *vielleicht* oder *vermutlich* weisen auf eine Vermutung hin, *leider* und *unglücklicherweise* auf Bedauern. Verben wie *verursachen* oder *auslösen* zeigen, dass der Autor Folgen einer Entwicklung nennen möchte.

→ Suchen Sie im Text auch nach Synonymen und Umschreibungen für die Intentionen, die in den Fragen formuliert sind. Beachten Sie aber, dass gleiche oder ähnliche Wörter, die Sie sowohl in einem Abschnitt als auch in einer Frage finden, keine Garantie für die richtige Lösung sind.

Leseverstehen, Teil 2

Lesen Sie den folgenden Text. In welchem Textabsatz a–e finden Sie die Antworten auf die Fragen 7–12? Es gibt jeweils nur eine richtige Lösung. Jeder Absatz kann Antworten auf mehrere Fragen enthalten. Markieren Sie Ihre Lösungen für die Aufgaben 7–12 auf dem Antwortbogen

Beispiel:

In welchem Abschnitt ...
0 gibt der Autor Behauptungen wieder?

○ a ● b ○ c ○ d ○ e

In welchem Abschnitt ...

7 äußert der Autor Zweifel?

8 begründet der Autor seinen Standpunkt?

9 formuliert der Autor Bedingungen?

10 nennt der Autor Vorteile?

11 übt der Autor Kritik?

12 warnt der Autor?

Mit dem Latein am Ende?

a

Lateinunterricht – wer denkt da nicht zuerst an eine verstaubte Kreidetafel, vor der ein gleichfalls verstaubter Lateinlehrer steht, der einem Schwarz-Weiß-Film aus den 1950er Jahren entsprungen sein könnte. Was in der Schule unterrichtet wird, ist nicht nur eine tote Sprache, es ist häufig auch ein altes Konzept mit veralteten Bildungsidealen und einer altmodischen Didaktik, die aus Vokabeln lernen, Grammatik lernen und Übersetzen besteht. Kommunikativer Unterricht ist schwierig; mit wem sollte man denn auf Lateinisch kommunizieren? Wenn dann bei den Eltern noch Traumata aus der eigenen Schulzeit, ausgelöst durch stupide Abfragepraktiken ihrer Lateinlehrer, an die Oberfläche kommen, dann wählt das Kind als zweite Fremdsprache Spanisch und nicht Latein. Visionen von einem modernen, kommunikativen Unterricht, in dem begeisterte Jugendliche vor einem blinkenden Smartboard Lernszenarien auf Spanisch umsetzen, um auf den Schüleraustausch mit Barcelona vorbereitet zu sein, kommen einem dann in den Sinn. Und auch an den Unis ist Latein auf dem Rückzug: Immer mehr Hochschulen kommen zu der Überzeugung, dass ein Studium auch ohne Latein seriös zu stemmen ist, und schaffen für immer mehr Studienfächer Lateinkenntnisse als Zugangsvoraussetzung ab. Wozu also noch Latein, wenn man es nicht einmal mehr für das Studium braucht?

b

Aber gibt es nicht handfeste Vorteile von Latein? Ja, sicherlich, aber es sind nicht die, die einem von den Befürwortern von Latein entgegengerufen werden. So sollen Lateinkenntnisse das Lernen moderner romanischer Sprachen erleichtern. Das erkläre sich vor allem daraus, dass Sprachen wie Spanisch oder Italienisch aus dem Lateinischen entstanden sind und deshalb immer noch große Ähnlichkeiten mit Latein aufweisen. Wer Latein lernt, erwirbt angeblich auch ein besseres Verständnis der Muttersprache und kann die Grammatik der eigenen Sprache sicherer anwenden. Überhaupt fördere Latein die Entwicklung der allgemeinen Intelligenz und des logischen Denkens. Diese Annahmen sind jedoch nicht durch empirische Befunde gedeckt, vielmehr werden sie durch aktuelle Forschungsergebnisse als Mythos entlarvt. Latein lernende Schülerinnen und Schüler scheinen keinen Vorteil gegenüber Altersgenossen zu haben, die in derselben Zeit eine moderne Fremdsprache gelernt haben.

c

Die Intelligenz unserer Kinder ist laut aktuellen Forschungsergebnissen also nicht bedroht, enthält man ihnen Latein vor. Sie lernen genauso gut Spanisch als Folgefremdsprache nach Französisch wie nach Latein. Und auch der Weg zu gutem Deutsch muss nicht zwangsläufig über Latein führen, auch guter Deutschunterricht kann hier zweifellos behilflich sein. Die Kritiker des Lateinunterrichts fühlen sich bestätigt: Ein sinnvolles Leben ist auch ohne Latein möglich. Und ihre Fragen scheinen berechtigt: Ist angesichts der ohnehin übervollen Lehrpläne und einer Schulwelt, die immer weiter vollgestopft wird mit immer neuen zu erwerbenden Kompetenzen, der zentrale Stellenwert des Fachs Latein noch zeitgemäß? Sollten die Schülerinnen und Schüler nicht lieber etwas Nützliches lernen, um sich in unserer globalisierten und digitalisierten Welt behaupten zu können? Warum nicht lieber Chinesisch und gleich noch eine Computersprache dazu, statt Zeit mit einer nutzlosen und toten Sprache wie Latein zu verschwenden?

d

Als sogenannte tote Sprache entzieht sich Latein tatsächlich einer direkten Verwertbarkeit. Aber es ist gerade der Tod dieser Sprache, der die wahren Vorteile von Latein ermöglicht. Latein wird eben nicht gelehrt, um gesprochen und im Alltag angewendet zu werden. In seiner mangelnden Alltagstauglichkeit und seiner Zweckfreiheit, die mit einer hohen Komplexität einhergehen, verlangt Latein Genauigkeit und Konzentration, zwingt zur Langsamkeit und gibt Zeit, in die Tiefe zu gehen. Lateinunterricht bietet eine Art neutralen Raum, der das Nachdenken über Sprache und Sprachenlernen in Gang bringen kann. Dabei geht es nicht um irgendeine Sprache, sondern um die Sprache, die die europäische Kultur und Identität wie keine andere geprägt hat. In der Antike wurzelt die westliche Kultur, sie brachte literarische, rhetorische und philosophische Meisterwerke hervor, die bis heute Gewicht haben. In der Auseinandersetzung mit diesen Werken im Lateinunterricht werden diese Wurzeln und damit auch die übernationale Prägung unserer gegenwärtigen Kultur und Zivilisation sichtbar. Die Bekanntschaft mit der antiken Welt, die der unseren in vielen Aspekten so ähnlich und gleichzeitig so ganz anders ist, kann zur Reflexion der eigenen Lebenswirklichkeit anregen und zu einem besseren, weil fundierten Verständnis der Welt führen.

e

Das alles kann Latein leisten, aber es leistet es nicht von selbst. Latein kann genauso die Freude am Sprachenlernen zerstören, Schulkarrieren beenden und die Kommunikationsfunktion von Sprache verkümmern lassen. Was Latein kann, kommt auf die Schülerinnen und Schüler an, vor allem aber auf die Lehrkraft und ihren Unterricht: Nur wenn Sprachbetrachtung und Sprachreflexion gefördert werden, wenn sich der Lehrer nicht nur als Grammatikexperte versteht, sondern als Kulturvermittler, und nur wenn die Themen und die Unterrichtsformen etwas mit der Lebenswelt der Jugendlichen zu tun haben, entfalten sich die wahren Vorteile, die Latein haben kann.

Zur Arbeit mit Textverweisen

Ein Text besteht aus mehreren Sätzen, die inhaltlich und formal miteinander verbunden sind. Wichtig sind daher das inhaltliche Verständnis eines Textes und das Verstehen der sprachlichen „Klebemittel“:

- Konnektoren (*weil*, *deshalb*, *denn* etc.) oder Präpositionen (*wegen*, *trotz*, *mithilfe* etc.)
- Konkretisierungen wie *zum Beispiel* oder *das heißt*
- Formen wie Pronomen, Possessivartikel oder Pronominaladverbien

Pronomen und Possessivartikel (*sie*, *ihre* etc.) nehmen auf vorausgegangene Sätze Bezug; Pronominaladverbien (*dazu*, *darüber* etc.) können auf vorausgegangene Sätze Bezug nehmen oder auf nachfolgende Inhalte verweisen.

Beispiel 1: Leseverstehen, Teil 1 (Seite 8–9)

Ausgehend von den oben genannten Formen in dem einzufügenden Satz können Sie die Umgebung des Satzes prüfen und über Übereinstimmungen Ihre Auswahl des korrekten Satzes einschränken. Die letzte Probe für eine korrekte Lösung ist immer, ob der Text, den Sie rekonstruiert haben, sinnvoll ist. Ihre letzte Prüfinstanz ist also das inhaltliche Textverständnis.

> Wer kennt es nicht? Der Studienalltag kann sich manchmal zu einer enormen Belastung entwickeln. Referate und Hausarbeiten sind zu bewältigen und Prüfungen sollen möglichst erfolgreich abgelegt werden.
> **z** *Dazu kommt noch ein Job, den man braucht, um das Studium zu finanzieren.*
> Ein riesiger Berg an Dingen, die zu erledigen sind, türmt sich auf ...

Mit *Dazu kommt* wird das Signal gesetzt, dass jetzt ein weiterer Aspekt der Belastung genannt wird. Verstärkt wird dieses Signal durch die Erwähnung von *ein riesiger Berg*, womit viele verschiedene Aspekte angesprochen werden.

> Stress wird ganz individuell erlebt. Er ist eine Reaktion auf äußere Einflüsse, die sogenannten Stressoren.
> **1** *Diese können unterschiedliche physische und psychische Symptome hervorrufen.*
> In der Menschheitsgeschichte wurde Stress ursprünglich meist durch *körperliche Bedrohungen ausgelöst*.

Mit dem Demonstrativpronomen *Diese* wird ein Bezug zum vorhergehenden Text hergestellt. Der Plural verweist auf den Plural bei *Stressoren*. Außerdem wird im Folgesatz eine Teilmenge der Stressoren, die körperlichen Bedrohungen, noch einmal benannt.

Beispiel 2: Sprachbausteine (Seite 20–21)

Im Unterschied zu *Leseverstehen, Teil 1* fehlen im Teil *Sprachbausteine* oft die sprachlichen Klebemittel. Sie müssen – von Ihrem Textverständnis ausgehend – entscheiden, welche der angebotenen Optionen sinnhaft ist.

> An vielen Hochschulen ___**0**___ heutzutage sogenannte Studienstrategiekurse angeboten. Dort geht es häufig auch um Fragen des richtigen Zeitmanagements im Studium. ___**25**___ der richtige Umgang mit der Zeit ist ein bedeutender Faktor ___**26**___ Studienerfolg.

Lösungsmöglichkeiten			**Kommentar**
25	**a**	Aber	Falsch, denn *aber* drückt einen Widerspruch aus.
	b	Auch	Falsch, denn *auch* steht schon im Satz davor.
	c	Denn	Richtig: Der Satz liefert eine Begründung für den Satz davor.
	d	Doch	Falsch, wie **a**.

Trainieren Sie, die Struktur von Sätzen zu analysieren, gewöhnen Sie sich aber vor allem an den Aufbau und die Textstruktur deutscher Texte – lesen Sie viel!

Info

Dauer: ca. 30 Minuten
Text: Sachtext aus einer Zeitung oder Zeitschrift
Aufgaben: 12
Punkte: 24 (12 × 2)

Das muss ich tun!

Sie lesen einen Sachtext. Zu dem Text gibt es 11 Aussagen. Sie müssen entscheiden, welche Aussagen im Hinblick auf den Text richtig oder falsch oder im Text gar nicht enthalten sind. Am Ende wählen Sie aus 3 Überschriften diejenige aus, die am besten zum Text passt.

Wie mache ich das?

1. Lesen Sie den Text auf den Seiten 16 und 17 möglichst schnell durch (maximal 3–4 Minuten), damit Sie einen ersten Eindruck bekommen, worum es in dem Text geht. Gleichzeitig können Sie sich so beim Lösen der Aufgaben leichter im Text orientieren.
2. Lesen Sie jetzt in 2–3 Minuten die elf Aussagen zum Text (**13–23**) auf Seite 18 genau durch. Markieren Sie dabei Schlüsselwörter.
3. Die Aufgaben folgen dem Verlauf des Textes.
   Lesen Sie zuerst Aussage **1**. Gehen Sie den Text bis zu der Stelle durch, an der Sie die Lösung für diese Aufgabe vermuten. Vergleichen Sie Aussage und Textstelle und entscheiden Sie, ob die Aussage richtig (+), falsch (–) oder gar nicht im Text enthalten (**x**) ist:
   Eine Aussage ist richtig, wenn sie inhaltlich mit dem Text übereinstimmt und ihn bestätigt. Markieren Sie in diesem Fall auf dem Antwortbogen „+".
   Eine Aussage ist falsch, wenn sie dem Text widerspricht. Markieren Sie in diesem Fall auf dem Antwortbogen „–".
   Wenn es in einer Aussage Informationen gibt, die man im Text nicht finden kann, ist sie im Text nicht enthalten. Markieren Sie in diesem Fall auf dem Antwortbogen „**x**".
4. Wenn Sie für Aussage **1** keine Lösung finden, machen Sie mit Aussage **2** weiter, damit Sie nicht zu viel Zeit verlieren. (Sie haben pro Aussage 1–2 Minuten Zeit.)
5. Bearbeiten Sie die Aussagen **14–23** auf die gleiche Weise.
6. Sehen Sie sich jetzt die Aussagen an, für die Sie noch keine Lösung gefunden haben.
7. Lösen Sie nun Aufgabe **24**: Lesen Sie die drei Überschriften und wählen Sie diejenige, die am besten zum gesamten Text passt.
8. Übertragen Sie am Ende des Prüfungsteils Ihre Lösung auf den Antwortbogen.

TIPPS

→ Bei dieser Aufgabe sollen Sie zeigen, dass Sie sowohl einzelne Informationen in einem Text im Detail als auch das Thema des gesamten Textes verstehen.

→ Um die Lösung zu finden, müssen Sie die entsprechende Textstelle genau lesen. Häufig finden Sie wichtige Hinweise in der Umgebung der Textstelle (Satz oder Sätze davor und dahinter).

→ Reagieren Sie nicht nur auf Schlüsselwörter, die Sie sowohl im Text als auch in den Aufgaben finden. Das bloße Vorhandensein eines Schlüsselwortes oder eines Synonyms ist keine Garantie dafür, dass die Aussage richtig ist.

→ Wenn die Aussage dem Text auch nur ein wenig widerspricht, ist die Aussage falsch. Achten Sie deshalb genau auf Details wie Negation, Attribute oder Zeitformen.

→ Ihr Vorwissen zum Thema hilft Ihnen beim Verstehen des Textes. Bei der Lösung der Aufgaben ist aber nur entscheidend, was im Text steht. Sie müssen also ganz genau zwischen dem Textinhalt und Ihrem eigenen Wissen unterscheiden. Auch wenn eine Aussage faktisch richtig oder falsch ist, muss sie das im Text nicht sein oder kann im Text nicht vorkommen.

→ Mindestens eine der elf Aussagen ist im Text nicht enthalten, maximal sind es drei Aussagen. Mindestens einmal müssen Sie also „**x**" markieren.

→ Wählen Sie am Ende die Überschrift aus, die der Gesamtaussage des Textes am besten entspricht. Die Überschrift darf sich nicht nur auf ein Detail, einen Teilaspekt oder einen Abschnitt des Textes beziehen.

→ Markieren Sie immer eine Lösung, auch wenn Sie unsicher sind. Sie könnte ja richtig sein.

Leseverstehen, Teil 3

Lesen Sie den folgenden Text und die Aussagen 13–23. Welche der Aussagen sind richtig (+), falsch (–) oder gar nicht im Text enthalten (x)? Es gibt jeweils nur eine richtige Lösung. Markieren Sie Ihre Lösungen für die Aufgaben 13–23 auf dem Antwortbogen.

______________________________ (ÜBERSCHRIFT)

1

Der Weltraum mit seinen unendlichen Weiten fasziniert die Menschheit nicht erst, seit Neil Armstrong im Jahr 1969 als erster Mensch den Mond betrat. Die Mondlandung, der Bau der Internationalen Raumstation ISS oder die Pläne für eine bemannte Mission zu unserem Nachbarplaneten Mars sind nur einige Beispiele für Meilensteine der Raumfahrt, die viele Menschen immer wieder begeistern. Aber wozu sollen wir eigentlich zum Mars fliegen? Haben wir nicht genug Probleme hier auf der Erde zu lösen? Das ist ein Argument, das von Kritikern regelmäßig gegen die Raumfahrt und die Weltraumforschung vorgebracht wird, zumal es sich dabei stets um sehr kostenintensive Unternehmungen handelt. So alt wie die Raumfahrt ist der Streit darüber, ob der Aufwand gerechtfertigt ist oder man das Geld nicht doch lieber für eine Verbesserung der Lebensqualität auf der Erde einsetzen sollte.

2

Die Kritiker der Raumfahrt vergessen dabei, dass die Entwicklung von Raumfahrttechnik und die Ergebnisse wissenschaftlicher Experimente im All von Anfang an auch immer wieder Anwendungen hervorgebracht haben, die ganz konkrete Auswirkungen auf unser Leben auf der Erde haben. So profitieren wir im Alltag von zahlreichen Erfindungen, die ursprünglich das Leben der Astronauten im All besser und bequemer machen sollten. „Spin-offs" nennen es die Raumfahrtexperten, wenn ihre Errungenschaften für den Weltraum auf der Erde Verwendung finden. Handstaubsauger, Gel-Einlagen für Schuhe, handliche Akku-Werkzeuge und Rauchmelder, die heute in fast allen Wohnungen und Häusern hängen – die Liste der Spin-offs ist lang.

3

Auch der Klettverschluss wird in diesem Zusammenhang immer wieder genannt, was nicht ganz korrekt ist. Er ist zwar auch in der Raumfahrt im Einsatz, um in Raumschiffen und Raumstationen Gegenstände, die sonst in der Schwerelosigkeit herumfliegen würden, sicher und schnell lösbar zu befestigen. Allerdings wurde der Klettverschluss bereits in den 1940er Jahren vom Schweizer Ingenieur Georges de Mestral erdacht. Für die Raumfahrt wurde diese Schweizer Erfindung dann weiterentwickelt, weil man für die Raumfahrzeuge ein feuerfestes Befestigungssystem gebraucht hat. Und heute leistet dieser neuartige aus Glasfasern hergestellte und damit unbrennbare Klettverschluss sowohl an Bord der ISS, wo sich Astronautinnen und Astronauten zum Schlafen in ihrem Schlafsack an die Wand „kletten", als auch im Bereich der Feuerwehren oder der Rennfahrttechnologie seinen Dienst.

4

Eine andere Innovation der Raumfahrttechnik haben sich die Hersteller von Sonnenbrillen zunutze gemacht. Neue Sonnenbrillen ermöglichen nicht nur, bei grellem Licht besser zu sehen, sondern sie filtern für das menschliche Auge schädliche Strahlungsbereiche aus dem Lichtspektrum. Die Technologie dafür wurde ursprünglich für den Weltraum entwickelt. Denn dort ist die UV-Strahlung sehr stark und man musste die Visiere der Astronautenhelme mit einem schützenden Filter präparieren. Diese Technik findet man heutzutage bei Sonnenbrillen oft kombiniert mit einer Beschichtung, die die Gläser vor Kratzern schützt – auch das eine Entwicklung aus der Raumfahrt.

5

Weltraumtechnik steckt heutzutage auch in den meisten Kinosesseln. Denn das Material, das zum Schutz der empfindlichen Satelliteninstrumente vor der ungeheuren Hitze beim Start der Raketentriebwerke entwickelt wurde, macht auch die Stuhlpolsterung in Kinos feuerresistent. Gerade solche neuartigen Materialien aus der Raumfahrttechnik finden immer wieder auf der Erde ihre Anwendungsbereiche und machen unseren Alltag angenehmer, bequemer und vor allem sicherer. Beispielsweise soll in Kürze die für ein deutsch-japanisches Weltraumprojekt entwickelte Superkachel, die Temperaturen bis zu 2.700 Grad Celsius übersteht, in Form von Bremsscheiben die Sicherheit von deutschen ICE-Zügen erhöhen. Andere neuartige Materialien, wie z. B. bestimmte Keramikverbindungen, die aus Gründen der Kostenreduktion für die Raumfahrt entwickelt wurden, machen heute nicht nur Raketen und Raumfahrzeuge, sondern auch Flugzeuge und Autos leichter und damit energieeffizienter.

6
Ein anderes Beispiel für Materialien, die ursprünglich für die Raumfahrt entwickelt wurden, nun aber auch in unserem Alltag Anwendung finden, ist der sogenannte Memory-Schaum, dessen chemische Verbindung Weltraumingenieure in den 1960er Jahren entdeckten. Dieser besonders gut formbare und anpassungsfähige Schaum eignete sich hervorragend zur Polsterung der Astronautensitze, weil er die bei Starts und Landungen auftretenden extremen Kräfte abfedern und absorbieren kann. Heute findet man den Memory-Schaum beispielsweise auch in Helmen und Schienbeinschonern zum Schutz von Sportlern, vor allem aber in Matratzen. Denn eine Matratze mit Memory-Schaum passt sich den Körperkonturen individuell an, sodass beim Schlafen die Wirbelsäule entlastet wird – ideal für Menschen mit Rückenproblemen.

7
Ein offensichtlicher Nutzen der Weltraumforschung ist die genaue Beobachtung und Erforschung von Wetterereignissen über Satelliten. Es können dadurch nicht nur genauere Wettervorhersagen angestellt, sondern auch Naturkatastrophen beobachtet bzw. prognostiziert werden, wenn es etwa um den Weg geht, den ein Orkan nimmt. Schnelle Warnungen können dann Menschenleben retten. Unsere „Augen im Himmel" erkennen frühzeitig Brände, sammeln Daten zur effizienten Planung von Rettungsmaßnahmen, spüren Umweltverschmutzungen auf und behalten Flugzeuge und Schiffe im Blick.

8
Auch GPS-gesteuerte Navigationsgeräte für unsere Autos oder die Standortbestimmung in unseren Smartphones gäbe es nicht ohne Satellitentechnologie. Dazu beruht die Genauigkeit der gegenwärtigen Satellitennavigation auf einem ebenfalls für die Raumfahrt entwickelten Software-Paket. Für unseren Alltag ist das natürlich sehr komfortabel, wenn wir beispielsweise von unserem Navigationsgerät um Staus herumgeleitet werden. Noch wichtiger und sogar lebensrettend sind solche auf Raumfahrttechnologie beruhende Ortungssysteme aber in sogenannten Notfunkbaken, die es beispielsweise möglich machen, vermisste oder verunglückte Piloten zu retten.

9
Die Satellitentechnik ist sicherlich ohnehin der evidenteste Nachweis des Nutzens der Raumfahrt. So finden Kommunikation oder Unterhaltung in der Zwischenzeit ganz selbstverständlich über Satelliten statt. Aber auch der ganze Bereich der digitalen Bilderfassung, wie man ihn heute in Digitalkameras und Smartphones findet, ist ein Nebenprodukt der Raumfahrttechnik – entwickelt, um die fotografischen Aufnahmen von Satelliten an die Stationen, die sie auswerten sollten, zu senden. Diese Technik zur sofortigen Auswertung, Aufbereitung und Speicherung der Daten aus dem Weltraum hat auch die irdische Fotografie grundlegend verändert, da aufgenommene Bilder sofort zur Verfügung stehen und keine Filme mehr entwickelt werden müssen.

10
Ein weiterer Bereich, in dem die Raumfahrt direkte Auswirkung auf unser Leben auf der Erde hat, ist unsere Ernährung. So werden beispielsweise einem Großteil der Babynahrung heutzutage Algen zugesetzt, die besonders viel Omega-3-Fettsäuren enthalten. Diese Fettsäuren sind wichtig für die Entwicklung von Herz, Augen und Gehirn. Die an Omega-3 reichen Algen wurden im Zuge der Entwicklung von Astronautennahrung für eine Mars-Mission entdeckt. Nun profitieren Babys auf der Erde von dieser Entdeckung. Auch im Hinblick auf die Nahrungsmittelproduktion können Menschen Nutzen aus der Weltraumforschung ziehen. Um beispielsweise die Besatzung eines Raumschiffs bei einer Reise zum Mars oder die einer Mondstation mit Lebensmitteln zu versorgen, suchen Forscher nach Wegen, Pflanzen auch ohne Erde zum Wachsen zu bringen. Diese Untersuchungen sind aber nicht nur für den Pflanzenanbau im Weltall, sondern auch für Landwirte auf der Erde sehr interessant, wenn man eine immer größer werdende Weltbevölkerung ernähren und eventuell Gemüse direkt in den Großstädten der Welt produzieren möchte.

11
Immer wieder wurden für die Weltraummissionen Dinge, die wir heute selbstverständlich im Alltag einsetzen, verbessert oder neu entwickelt. Die größte Errungenschaft der Raumfahrt ist aber keine materielle: Mittlerweile arbeiten im Bereich der Raumfahrt viele Länder zusammen. Besonders deutlich wird diese Kooperation auf der Internationalen Raumstation ISS. Auf diesem aktuell am weitesten entfernten Außenposten der Menschheit im All führen Wissenschaftlerinnen und Wissenschaftler verschiedener Nationen und Kulturen gemeinsam Forschungsprojekte durch, bewältigen gemeinsam ihren Alltag, aber auch Krisen – ein leuchtendes Vorbild dafür, wie die Menschheit auf ihrem zusehends gefährdeten „Raumschiff Erde" in Kooperation und gemeinsamem Bemühen um die Sonne kreisen sollte.

Welche der Aussagen sind richtig (+), falsch (–) oder nicht im Text enthalten (x)?

13 Unternehmen investieren viel Geld in die Weltraumforschung.

14 Als Spin-Off wird Raumfahrttechnik bezeichnet, die im Alltag genutzt wird.

15 Der Klettverschluss wurde zur Befestigung von Gegenständen in der Schwerelosigkeit des Weltalls entwickelt.

16 Astronauten tragen Sonnenbrillen, die vor UV-Strahlung schützen.

17 Die Bremsen der deutschen ICE-Züge funktionierten einige Zeit mit Raumfahrttechnik.

18 Mit der Entwicklung neuer Materialien für die Raumfahrt will man auch Geld sparen.

19 Matratzen aus Memory-Schaum unterstützen die Rückengesundheit.

20 Software aus der Raumfahrt macht Navigationssysteme genauer.

21 Auch Digitalkameras und Smartphones sind Nebenprodukte der Raumfahrttechnik.

22 Auf dem Mars wurden Algen, die sich als Nahrung für Astronauten eignen, entdeckt.

23 Forschungen zum Pflanzenanbau im Weltraum können helfen, Ernährungsprobleme auf der Erde zu lösen.

Welche der Überschriften a, b oder c passt am besten zum Text? Markieren Sie Ihre Lösung für die Aufgabe 24 auf dem Antwortbogen.

24 **a** Bemannte Raumfahrt – Pro und Contra
b Der Nutzen von Raumfahrt und Weltraumforschung
c Raumfahrttechnik macht Alltag bequemer und sicherer

Info

Dauer: ca. 25 Minuten
Text: Sachtext aus einer Zeitung oder Zeitschrift
Aufgaben: 22
Punkte: 22

Das muss ich tun!

Sie lesen einen Text mit 22 Lücken.
Zu jeder Lücke gibt es 4 Lösungsmöglichkeiten, aus denen Sie eine pro Lücke auswählen müssen.

Wie mache ich das?

1. Lesen Sie den Text auf Seite 20 möglichst schnell durch (ca. 2 Minuten), damit Sie einen ersten Eindruck bekommen, worum es in dem Text geht. Wenn Sie beim Lesen spontan eine Idee für die Lösung einer Lücke haben, notieren Sie das Wort oder den Ausdruck.
2. Lesen Sie dann das Beispiel **0** auf Seite 21 und überlegen Sie kurz, warum **d** die richtige Lösung ist.
3. Lesen Sie nun den Text bis zur Lücke **25** und den folgenden Satz. Wählen Sie dann aus den vier Lösungsmöglichkeiten eine Lösung aus. Prüfen Sie dazu alle vier Antwortmöglichkeiten: Was passt inhaltlich, grammatisch oder orthografisch? Notieren Sie den Buchstaben Ihrer Lösung auf dem Aufgabenblatt direkt in der Lücke.
4. Wenn Sie für Lücke **25** keine Lösung finden, machen Sie mit Lücke **26** weiter, damit Sie nicht zu viel Zeit verlieren. (Sie haben pro Lücke nur etwas mehr als eine halbe Minute Zeit.)
5. Bearbeiten Sie die Lücken **26** bis **46** auf die gleiche Weise.
6. Sehen Sie sich jetzt die Lücken an, für die Sie noch keine Lösung gefunden haben.
7. Lesen Sie den ganzen Text noch einmal und überlegen Sie, ob er mit den eingefügten Teilen sinnvoll und korrekt ist. Verlassen Sie sich hierbei auch auf Ihr Sprachgefühl!
8. Übertragen Sie Ihre Lösung auf den Antwortbogen.

TIPPS

→ Bei dieser Aufgabe sollen Sie einen Text sinnvoll ergänzen, indem Sie aus den vorgegebenen Antwortmöglichkeiten die richtige Lösung auswählen.

→ Zu Ihrer Orientierung: Es gibt 12 bis 16 Aufgaben zur Grammatik, 4 bis 8 Aufgaben zum Wortschatz und 1 bis 4 Aufgaben zur Orthografie.

→ Lesen Sie die direkte Umgebung der Lücken sehr genau, damit Sie die passende Lösung finden. Achten Sie sowohl auf grammatische als auch auf inhaltliche Zusammenhänge.

→ Sehen Sie genau hin: Oft unterscheiden sich die Antwortmöglichkeiten nur minimal. Achten Sie auf die kleinen Unterschiede, z. B. auf Groß- und Kleinschreibung, Singular oder Plural.

→ Manchmal bietet die direkte Umgebung der Lücken nicht genug Hinweise. Sehen Sie sich dann auch den Satz davor oder dahinter genauer an.

→ Es fällt Ihnen leichter, die Aufgaben zu lösen, wenn Sie den Text als Ganzes global verstanden haben.

→ Markieren Sie immer eine Lösung, auch wenn Sie nicht ganz sicher sind. Sie könnte ja richtig sein.

Sprachbausteine

Lesen Sie den folgenden Text. Welche Lösung (a, b, c oder d) ist jeweils richtig?
Markieren Sie Ihre Lösungen für die Aufgaben 25–46 auf dem Antwortbogen. Lücke (0) ist ein Beispiel.

Zeitmanagement im Studium

An vielen Hochschulen ___0___ heutzutage sogenannte Studienstrategiekurse angeboten. Dort geht es häufig auch um Fragen des richtigen Zeitmanagements im Studium. ___25___ der richtige Umgang mit der Zeit ist ein bedeutender Faktor ___26___ Studienerfolg.

Die Freiheit, die ein Studium bietet, beinhaltet auch die Verpflichtung, die eigene Lernzeit zu planen und Verantwortung für gestellte Aufgaben ___27___. Aber gerade Studienanfänger ___28___ sich oft schwer damit, ___29___ Zeit für Studium, Nebenjob und Freizeit selbstständig einzuteilen. Viele schieben unangenehme Tätigkeiten wie das Lernen für Prüfungen oder das Schreiben von Hausarbeiten lieber auf ___30___ sofort zu erledigen.

Das Aufschieben von Tätigkeiten ___31___ ein Alltagsphänomen und den meisten Menschen bekannt. Dabei gibt es durchaus erfolgreiche „Aufschieber", die nur ___32___ ihre besten Ideen entwickeln und ___33___ rechtzeitig fertig werden. Bei manchen Personen nimmt das Aufschieben jedoch ___34___ an, dass sie erheblich darunter leiden und auch ___35___ Folgen drohen. Dann spricht man von Prokrastination.

Aktuelle Untersuchungen ___36___ das Thema Prokrastination zeigen, dass gerade Menschen in Berufen und Tätigkeiten, bei denen man in freier Zeiteinteilung auf eine weit entfernte Deadline ___37___ soll, ___38___ den Gefahren der Prokrastination betroffen sind. Zu diesen ___39___ Studierende, hier vor allem Studierende der Geistes-, Sozial- und Gesellschaftswissenschaften, die ein Semester Zeit haben, ___40___ für eine Prüfung zu lernen oder Arbeiten zu schreiben.

Mit den Veranstaltungen zum richtigen Zeitmanagement wollen die Hochschulen auch Studierende ansprechen, deren Arbeitsverhalten den Studienerfolg gefährdet, die z. B. Hausarbeiten nicht ___41___ und zu Prüfungen nicht antreten, weil sie nicht ausreichend vorbereitet sind oder dies zumindest glauben. Für diese Studierenden gibt es einfache Tipps, mit denen sie die ___42___ zur Verfügung stehende Zeit produktiv nutzen können.

___43___ immer mit einer Auflistung anstehender Aufgaben. ___44___ kann sich dann ein Tages- oder Wochenplan ergeben. ___45___ jetzt noch Pufferzeiten eingeplant, damit auch unvorhergesehene Ereignisse den Tagesplan nicht völlig aushebeln, und ___46___ Teilziele benannt, dann steht eigentlich einem erfolgreichen Semester nichts mehr im Wege.

Beispiel:

0 a haben
b sind
c sollen
d werden

○ ○ ○ ●
a b c d

25 a Aber
b Auch
c Denn
d Doch

26 a auf den
b des
c für den
d im

27 a übernehmen zu können
b übernommen zu werden
c zu übernehmen
d zu übernehmen sein

28 a fühlen
b machen
c tragen
d tun

29 a –
b ihre
c keine
d viele

30 a –
b oder sie
c statt sie
d und sie

31 a gilt
b ist
c macht
d wird

32 a unter diesem Druck
b unter Druck
c unter einem Druck
d unterm Druck

33 a auch doch
b doch immer
c doch nie
d nicht doch

34 a ein solches Ausmaß
b solchen Ausmaßes
c solches Ausmaß
d solches ein Ausmaß

35 a schwerwiegend negativen
b schwerwiegende negative
c schwerwiegende negativen
d schwerwiegenden negativen

36 a an
b bis auf
c gegenüber
d rund um

37 a hin arbeiten
b hinarbeiten
c Hinn arbeiten
d hinnarbeiten

38 a durch
b gemäß
c mit
d von

39 a gehören
b gehörende
c gehört
d gehörte

40 a damit
b dass
c indem
d um

41 a am Ende sind
b ans Ende stellen
c zu Ende bringen
d zu Ende gehen

42 a ihm
b ihnen
c ihr
d ihren

43 a Beginnen sollte
b Begonnen sollte werden
c Begonnen werden
d Begonnen werden sollte

44 a Daraus
b Man
c Stattdessen
d Trotzdem

45 a Müssen
b Während
c Wenn
d Werden

46 a erreichbare
b erreichende
c erreichliche
d erreichte

Leseverstehen und Sprachbausteine – Lösungen

Leseverstehen, Teil 1

1	a	b	c	d	e	f	g	h	1
2	a	b	c	d	e	f	g	h	2
3	a	b	c	d	e	f	g	h	3
4	a	b	c	d	e	f	g	h	4
5	a	b	c	d	e	f	g	h	5
6	a	b	c	d	e	f	g	h	6

Leseverstehen, Teil 2

7	a	b	c	d	e	7
8	a	b	c	d	e	8
9	a	b	c	d	e	9
10	a	b	c	d	e	10
11	a	b	c	d	e	11
12	a	b	c	d	e	12

Leseverstehen, Teil 3

13	+	–	×	13
14	+	–	×	14
15	+	–	×	15
16	+	–	×	16
17	+	–	×	17
18	+	–	×	18
19	+	–	×	19
20	+	–	×	20
21	+	–	×	21
22	+	–	×	22
23	+	–	×	23

24	a	b	c	24

Sprachbausteine

25	a	b	c	d	25
26	a	b	c	d	26
27	a	b	c	d	27
28	a	b	c	d	28
29	a	b	c	d	29
30	a	b	c	d	30
31	a	b	c	d	31
32	a	b	c	d	32
33	a	b	c	d	33
34	a	b	c	d	34
35	a	b	c	d	35

36	a	b	c	d	36
37	a	b	c	d	37
38	a	b	c	d	38
39	a	b	c	d	39
40	a	b	c	d	40
41	a	b	c	d	41
42	a	b	c	d	42
43	a	b	c	d	43
44	a	b	c	d	44
45	a	b	c	d	45
46	a	b	c	d	46

S30, Seite 2

Informationen zum Prüfungsteil Hörverstehen

Der Prüfungsteil Hörverstehen besteht aus drei Teilen und dauert insgesamt ca. 40 Minuten.
Sie hören mehrere Texte und lösen Aufgaben dazu. Sie lesen jeweils zuerst die Aufgaben und hören dann den Text. Alle Texte hören Sie nur einmal. Für jede Aufgabe gibt es immer nur eine richtige Lösung.
Alle Teile des Prüfungsteils Hörverstehen werden am Stück abgespielt. Alle Arbeitsanweisungen, Hörtexte und Pausen sind vorgegeben. Sie müssen alle Aufgaben in dieser Reihenfolge lösen.
Vergessen Sie nicht, Ihre Lösungen auf den Antwortbogen zu übertragen. Bei den Teilen 1 und 2 sollten Sie Ihre Lösungen während des Hörens übertragen, bei Teil 3 haben Sie dafür zusätzliche 5 Minuten Zeit.
Insgesamt können Sie 48 Punkte im Prüfungsteil Hörverstehen erhalten. Es sind keine Hilfsmittel wie z. B. Wörterbücher erlaubt.

Übersicht über die Prüfungsteile

Teil	Texte	Aufgabe	Zeit	Anforderung
1	Sie hören Statements von 8 verschiedenen Personen.	Sie ordnen jeder der 8 Personen eine Aussage aus einer Auswahl von 10 Aussagen zu.	ca. 8 Minuten	Sie zeigen, dass Sie die zentralen Aussagen und grundsätzlichen Einstellungen der Sprecherinnen und Sprecher verstehen können. (Globalverstehen)
2	Sie hören ein Radiointerview oder eine Gesprächsrunde.	Sie wählen für 10 Satzanfänge jeweils aus einer Auswahl von 3 Möglichkeiten die Satzfortsetzung aus, die mit dem Inhalt des Textes übereinstimmt.	ca. 12 Minuten	Sie zeigen, dass Sie in einem komplexen Hörtext Einzelinformationen verstehen können. (Selektivverstehen und Detailverstehen)
3	Sie hören einen Vortrag oder eine Vorlesung.	Sie notieren 10 Informationen zu vorgegebenen Stichworten.	ca. 20 Minuten	Sie zeigen, dass Sie einem Vortrag mit Verständnis folgen und Notizen anfertigen können. (Globalverstehen, Detailverstehen und Selektivverstehen)

HÖREN TEIL 1 TIPPS & TRICKS

Info

Dauer: ca. 8 Minuten
Text: Statements verschiedener Personen
Hören: einmal
Aufgaben: 8
Punkte: 8 (8 × 1)

Das muss ich tun!

Sie lesen 10 Aussagen. Dann hören Sie zu einem Thema die Meinung von 8 verschiedenen Personen. Sie müssen jeder der 8 Personen eine der 10 Aussagen zuordnen. 2 Aussagen passen nicht.

Wie mache ich das?

Der Prüfungsteil *Hörverstehen* wird komplett vorgespielt. Teil 1 läuft folgendermaßen ab:

1. Sie hören zuerst die Anweisung zu Teil 1. Da die Anweisung immer gleich ist, können Sie diese Zeit nutzen, um bereits mit dem Lesen der zehn Aussagen zu beginnen.
2. Lesen Sie die Aussagen auf Seite 25 durch und markieren Sie dabei Schlüsselwörter, um die jeweilige Hauptaussage zu erfassen. Sie haben dazu eine Minute Zeit.
3. Sie hören nach dieser Minute einen Signalton. Konzentrieren Sie sich jetzt auf die Statements der acht Personen. Sie hören nach jedem Statement einen Signalton.
4. Versuchen Sie, beim Hören die Hauptaussage jeder Person zu erfassen. Achten Sie dabei besonders darauf, was die Personen zu den Schlüsselwörtern sagen, die Sie bei den zehn Aussagen markiert haben. Machen Sie sich Notizen auf dem Aufgabenblatt.
5. Ordnen Sie beim Hören jeder der acht Personen eine passende Aussage zu. Schreiben Sie während des Hörens idealerweise für jeden Sprecher / jede Sprecherin die Nummer der Aufgabe, die sich auf den Sprecher / die Sprecherin bezieht, direkt auf das Aufgabenblatt: Für den ersten Sprecher / die erste Sprecherin notieren Sie 47, für den zweiten Sprecher / die zweite Sprecherin 48 usw. bis Aufgabe 54. So können Sie Ihre Lösungen schnell und sicher auf den Antwortbogen übertragen. Denn für die Übertragung der Lösung haben Sie nur wenig Zeit.
6. Denken Sie daran, dass zwei Aussagen zu keiner Person passen und es für jede Person nur eine passende Aussage gibt.
7. Wenn Sie zu einem Statement keine Lösung finden, überlegen Sie nicht zu lange, sondern konzentrieren Sie sich auf das nächste Statement. Denn die Aufnahme läuft automatisch weiter und wird nicht gestoppt.
8. Übertragen Sie Ihre Lösung auf den Antwortbogen.

TIPPS

→ Bei dieser Aufgabe sollen Sie die zentralen Aussagen und grundsätzlichen Einstellungen der Sprecherinnen und Sprecher global erfassen. Es ist also nicht so wichtig, jedes Detail der Interviews zu verstehen.

→ Alle acht Personen äußern Ihren Standpunkt zum selben Thema. Beim Lesen der Aussagen können Sie das gemeinsame Thema sicherlich schnell erkennen. Überlegen Sie sich ganz kurz, was Ihnen zu diesem Thema einfällt. So aktivieren Sie Ihr Vorwissen. Das hilft Ihnen dabei, die Statements leichter zu verstehen.

→ Lesen Sie die zehn Aussagen vor dem Hören sehr genau. Beachten Sie, dass die Schlüsselwörter, die Sie markieren, in den Statements normalerweise in Form von Umschreibungen und Synonymen vorkommen. Eine Aussage ist jedenfalls nicht automatisch passend, wenn ein Schlüsselwort, das Sie in dieser Aussage markiert haben, im Hörtext wörtlich genannt wird.

→ Entscheiden Sie beim Lesen der Aussagen, welche davon beispielsweise eher positiv und welche eher negativ ist. So können Sie die Aussagen in zwei Gruppen teilen und die Meinungen der acht Personen leichter zuordnen.

→ Wenn Sie sich bei einer Person nicht sicher sind: Notieren Sie immer eine Lösung. Vielleicht ist sie ja richtig.

Hörverstehen, Teil 1

1 *Sie hören die Meinungen von acht Personen. Sie hören die Meinungen nur einmal. Entscheiden Sie beim Hören, welche Aussage (a–j) zu welcher Person passt. Zwei Aussagen passen nicht. Markieren Sie Ihre Lösungen für die Aufgaben 47–54 auf dem Antwortbogen.*
Lesen Sie jetzt die Aussagen a–j. Sie haben dazu eine Minute Zeit.

a Die Arbeit als studentische Hilfskraft bringt nicht so viel Geld wie ein anderer Job.

b Ein Studentenjob dient dazu, dass man sich etwas Luxus leisten kann.

c Erfahrungen aus ehrenamtlichem Engagement oder einem Job ergänzen ein Studium und bieten viele Vorteile.

d Finanzielle Beratung von Studierenden umfasst viele Aspekte, nicht nur Informationen zum Bundesausbildungsförderungsgesetz (BAFöG).

e Für mich bietet die Arbeit als Hilfskraft an der Uni eine gute Möglichkeit, Studium und Job zu kombinieren.

f In meinem Studentenjob kann ich Arbeit und Freizeit gar nicht trennen.

g Neben dem Studium zu arbeiten kann einem Perspektiven für den Beruf erschließen.

h Stipendien sind oft nicht nur eine finanzielle Erleichterung, sondern bringen auch Anerkennung.

i Wegen der angespannten Wohnungslage ist die Miete der größte Geldfaktor für die meisten Studierenden.

j Wenn man in der Gastronomie arbeitet, arbeitet man oft mit Freunden.

HÖREN TEIL 2 TIPPS & TRICKS

Info

Dauer: ca. 12 Minuten
Text: Radiointerview oder Gesprächsrunde
Hören: einmal
Aufgaben: 10
Punkte: 20 (10 × 2)

Das muss ich tun!

Sie hören ein Radiointerview mit 1 oder 2 Personen.
Sie lösen insgesamt 10 Aufgaben und müssen entscheiden, welche Aussage in den Aufgaben richtig ist (a, b oder c).

Wie mache ich das?

Der Prüfungsteil *Hörverstehen* wird komplett vorgespielt. Teil 2 kommt direkt hinter Teil 1 und läuft folgendermaßen ab:

1. Sie hören zuerst die Anweisungen zu Teil 2. Da die Anweisung immer gleich ist, können Sie diese Zeit nutzen, um bereits mit dem Lesen der zehn Aufgaben zu beginnen.
2. Lesen Sie die zehn Aufgaben auf Seite 27 durch. Sie haben dazu 3 Minuten Zeit. Markieren Sie dabei Schlüsselwörter in den Satzanfängen *und* in den Satzfortsetzungen **a**, **b** und **c**. Achten Sie auf die Unterschiede in den drei Satzfortsetzungen.
3. Nutzen Sie diese 3 Minuten auch, um das Thema des Textes aus den Aufgaben zu erschließen und Ihr Vorwissen zu diesem Thema zu aktivieren.
4. Sie hören nach diesen 3 Minuten einen Signalton. Konzentrieren Sie sich jetzt auf das Interview.
5. Achten Sie während des Hörens auf die Schlüsselwörter bzw. Synonyme der Schlüsselwörter und markieren Sie die passenden Antwortoptionen. Die Reihenfolge der Aufgaben folgt dem Hörtext.
6. Wenn Sie bei einer Aufgabe keine Lösung finden, machen Sie gleich die nächste Aufgabe. Denn die Aufnahme läuft automatisch weiter und wird nicht gestoppt.
7. Übertragen Sie Ihre Lösung auf den Antwortbogen.

TIPPS

→ Bei dieser Aufgabe müssen Sie die Inhalte genau und im Detail verstehen, um die richtige Lösung zu finden. Verwenden Sie Ihr Vorwissen zum Thema, um das Interview besser zu verstehen.

→ Beachten Sie: Bei der Lösung der Aufgaben ist nur entscheidend, was im Interview gesagt wird. Wählen Sie also die passende Lösung nur auf der Basis des Interviews und nicht aufgrund Ihres eigenen Wissens bzw. eigener Erfahrungen aus.

→ Nutzen Sie zur Orientierung während des Hörens auch die unterschiedlichen Stimmen der Sprechenden.

→ Hören Sie auch die Fragen und Beiträge des Interviewers sehr genau: Diese können wichtige Informationen enthalten, die Sie zur Lösung einer Aufgabe brauchen.

→ Denken Sie daran: Eine Satzfortsetzung ist nicht automatisch passend, wenn ein Schlüsselwort, das Sie in dieser Aussage markiert haben, im Hörtext wörtlich genannt wird. Meist kommen die Schlüsselwörter in Form von Synonymen und Umschreibungen im Hörtext vor.

→ Wenn Sie sich bei einer Aufgabe nicht sicher sind, überlegen Sie nicht zu lange. Sie könnten sonst wichtige Teile des Hörtextes verpassen.

→ Sie können auch Satzfortsetzungen ausschließen, die Ihnen nicht plausibel erscheinen bzw. die widersprüchlich sind.

→ Markieren Sie auf jeden Fall eine Lösung, sie könnte ja richtig sein.

Hörverstehen, Teil 2

🔈 2 *Sie hören eine Radiosendung. Sie hören die Sendung nur einmal. Entscheiden Sie beim Hören, welche Aussage (a, b oder c) am besten passt. Markieren Sie Ihre Lösungen für die Aufgaben 55–64 auf dem Antwortbogen.*
Lesen Sie jetzt die Aufgaben 55–64. Sie haben dazu drei Minuten Zeit.

55 Frau Professor Kockendorf
a betreut die Maschinenbaustudierenden im dualen Studium.
b ist im Fachbereich Maschinenbau tätig.
c macht Werbung für ihre Hochschule.

56 Die Praxiszeiten in einem dualen Studium
a bestehen aus einem Praxissemester.
b sind 50% höher als in einem Studium mit vertiefter Praxis.
c sind deutlich höher als in einem nicht-dualen Studiengang.

57 Im dualen Verbundstudium Bachelor
a forschen die Studierenden in einem Unternehmen.
b machen die Studierenden ihre Prüfungen in einem Unternehmen.
c machen die Studierenden parallel zum Studium eine Ausbildung.

58 Die Arbeit im Unternehmen bietet den Studierenden die Möglichkeit,
a auf Firmenkontaktmessen eine Verbindung zu potenziellen Arbeitgebern aufzubauen.
b sich dem Unternehmen positiv zu präsentieren.
c Verantwortung zu übernehmen und Anweisungen zu geben.

59 Unternehmen, die am dualen Studium teilnehmen,
a haben einen Vorteil bei der Mitarbeiterrekrutierung.
b konkurrieren um Arbeitsplätze.
c sorgen für frischen Wind auf dem Arbeitsmarkt.

60 Duale Studienangebote sind für die Hochschulen vorteilhaft, weil
a ihnen die beteiligten Unternehmen eine Vergütung bezahlen.
b in diesen Studiengängen weniger Studierende ihr Studium aufgeben.
c sie mit bekannten Unternehmen zusammenarbeiten können.

61 Nachteilhaft beim dualen Studium ist, dass
a man keine Zeit für andere Erfahrungen neben dem Studium hat.
b man Hausarbeiten zum Teil zusätzlich zur Arbeit im Unternehmen bewältigen muss.
c die Kurse an der Hochschule meistens besonders schwierig und zeitaufwendig sind.

62 Die Studierenden im dualen Studium
a haben während ihrer Ausbildung keinen Urlaub.
b müssen belastbar und flexibel sein.
c stellen oft große Anforderungen an das Unternehmen.

63 Nach der Erfahrung von Frau Professor Kockendorf
a braucht man als Forscher einen festen Karriereplan.
b gibt es überall Möglichkeiten zum Forschen.
c ist Forschergeist Teil der Persönlichkeit.

64 Frau Professor Kockendorf
a hat Erfahrungen mit der Arbeit in einem Unternehmen.
b hat schon im Studium Berufserfahrung gesammelt.
c würde sofort noch einmal dual studieren.

Info

Dauer: ca. 20 Minuten
Text: Vortrag
Hören: einmal
Aufgaben: 10
Punkte: 20 (10 × 2)

Das muss ich tun!

Sie hören einen Vortrag, der von einem Moderator / einer Moderatorin eingeleitet wird.
Sie lesen 5 bis 7 Handzettel mit den Folien der Präsentation, auf denen 10 Informationen fehlen.
Sie müssen diese Informationen ergänzen, während Sie den Vortrag hören.

Wie mache ich das?

Der Prüfungsteil *Hörverstehen* wird komplett vorgespielt. Teil 3 kommt direkt hinter Teil 2 und läuft folgendermaßen ab:

1. Sie hören zuerst die Anweisungen zu Teil 3. Da die Anweisung immer gleich ist, können Sie diese Zeit nutzen, um bereits mit dem Lesen der sogenannten Handzettel zu beginnen.
2. Lesen Sie vor dem Hören die Handzettel auf Seite 29 und 30. Dazu haben Sie eine Minute Zeit. Der erste Handzettel enthält das Beispiel **0** und das Thema. Aktivieren Sie Ihr Vorwissen zu diesem Thema. Achten Sie darauf, dass Sie alle Folien gelesen haben, bevor der Hörtext startet.
3. Markieren Sie beim Lesen der Folien Wörter vor den Aufgaben. Diese Signalwörter, die Sie auch im Vortrag hören können, dienen als wichtige Orientierungshilfe. Beachten Sie dabei, dass sowohl die Folien als auch die auf den Folien gegebenen Stichpunkte den Ablauf des Vortrags widerspiegeln.
4. Sie hören am Ende der einminütigen Pause einen Signalton. Konzentrieren Sie sich jetzt auf den Vortrag.
5. Hören Sie den Vortrag, machen Sie sich Notizen und ergänzen Sie die fehlenden Informationen. Ihre Lösungen können Sie stichpunktartig, aber auch in kurzen Sätzen notieren. Grammatische oder orthografische Fehler in Ihren Lösungen werden nicht bewertet, solange man Ihre Antwort ohne Schwierigkeiten verstehen kann.
6. Übertragen Sie unmittelbar nach dem Hören Ihre Lösung auf den Antwortbogen. Dafür haben Sie 5 Minuten Zeit.

TIPPS

→ Bei dieser Aufgabe müssen Sie sowohl den Text als Ganzes verstehen als auch spezifische Inhalte im Detail wiedergeben können.

→ Folgen Sie dem gesamten Vortrag mit Verständnis. Die Überschriften auf den Folien helfen Ihnen bei der Orientierung. Achten Sie aber während des Hörens ganz besonders auf die Signalwörter, die vor den Lücken stehen.

→ Achten Sie darauf, dass Ihre Lösung den fehlenden Inhalt vollständig ergänzt. Die fehlende Information besteht nicht immer aus einem einzigen Wort, das man im Hörtext hört. Oft ist es eine komplexere Information, die mit mehreren Wörtern wiedergegeben werden muss, oder es sind mehrere Stichpunkte einer Aufzählung. Ihre Lösung soll so knapp wie möglich, aber so umfangreich wie nötig sein. Zu Ihrer Orientierung: Zur richtigen Lösung der Aufgabe müssen pro Folie nicht mehr als sechs Wörter ergänzt werden, um alle Punkte erhalten zu können.

→ Sie erhalten pro Aufgabe zwei Punkte, wenn Sie die fehlende Information vollständig wiedergeben. Wenn Ihre Lösung zum Teil richtig bzw. unvollständig ist, erhalten Sie einen Punkt.

→ Sie können mit den Wörtern und Begriffen, die Sie im Hörtext hören, antworten und müssen nicht lange nach eigenen Formulierungen suchen.

→ Wenn Sie bei einer Aufgabe die fehlende Information nicht oder nicht genau verstanden haben, überlegen Sie nicht zu lange. Sie könnten sonst wichtige Teile des Hörtextes verpassen. Am Ende können Sie zu der nicht gelösten Aufgabe zurückkehren und versuchen, die Lösung aus Ihrer Erinnerung und dem Kontext zu erschließen. Achten Sie aber auf die Zeit: Sie haben am Ende nur 5 Minuten Zeit, um Ihre Lösungen auf den Antwortbogen zu übertragen.

Hörverstehen, Teil 3

3 *Sie hören einen Vortrag. Sie hören den Vortrag nur einmal. Sie haben Handzettel mit den Folien der Präsentation erhalten. Schreiben Sie die fehlenden Informationen* ***stichwortartig*** *in die freien Zeilen 65–74 in der rechten Spalte.*
Die Lösung 0 ist ein Beispiel.
Lesen Sie jetzt die Stichworte. Sie haben dazu eine Minute Zeit.

Präsentation	Ihre Lösungen
Seminar Schriftspracherwerb Thema heute: **0** „…“ Gastreferentin: Prof. Dr. Cornelia Lesch	**0** *Bedeutung des Handschreibens*
Folgen der Digitalisierung kein Verschwinden des Handschreibens, aber Änderung von: **65** • … • …	**65** ______
Handschreiben in der Schule – das Beispiel Finnlands 2015: Beschluss, auf Schreibschrift zu verzichten Gründe: **66** • … **67** • …	**66** ______ **67** ______

HÖREN TEIL 3 TEST

Präsentation	Ihre Lösungen
Handschreiben und Lernleistung STEP-Studie 2019: Wirkung des Handschreibens auf schulische Leistungen Empirische Studien in den USA: Verbesserung der Lernleistung Grund: **68** ...	**68** ______
Handschreiben und Schriftspracherwerb Durch das Handschreiben: • Förderung des genauen Schreibens • Förderung des **69** ... Weiterer Effekt: **70** ...	**69** ______ **70** ______
Schreibprobleme von Kindern Hauptproblem: unleserliche Handschrift Grund: fehlende Kontrollfunktionen, z. B. **71** • ... • ... Weitere Schreibprobleme vieler Kinder: **72** • schnelles Ermüden • ...	**71** ______ **72** ______
Gründe für Schreibprobleme Zentraler Grund: **73** ... Weiterer Grund: **74** ...	**73** ______ **74** ______

Sie haben jetzt fünf Minuten Zeit, Ihre Antworten zu den Aufgaben 65–74 auf den Antwortbogen zu übertragen.

Hörverstehen – Lösungen

Hörverstehen, Teil 1

47	a	b	c	d	e	f	g	h	i	j	47
48	a	b	c	d	e	f	g	h	i	j	48
49	a	b	c	d	e	f	g	h	i	j	49
50	a	b	c	d	e	f	g	h	i	j	50
51	a	b	c	d	e	f	g	h	i	j	51
52	a	b	c	d	e	f	g	h	i	j	52
53	a	b	c	d	e	f	g	h	i	j	53
54	a	b	c	d	e	f	g	h	i	j	54

Hörverstehen, Teil 2

55	a	b	c	55
56	a	b	c	56
57	a	b	c	57
58	a	b	c	58
59	a	b	c	59
60	a	b	c	60
61	a	b	c	61
62	a	b	c	62
63	a	b	c	63
64	a	b	c	64

S30, Seite 3

Hörverstehen – Lösungen

Hörverstehen, Teil 3

Nr.	Antwort	0	1	2
65		◯	◯	◯
66		◯	◯	◯
67		◯	◯	◯
68		◯	◯	◯
69		◯	◯	◯
70		◯	◯	◯
71		◯	◯	◯
72		◯	◯	◯
73		◯	◯	◯
74		◯	◯	◯

Geben Sie am Ende des Prüfungsteils „Hörverstehen" die Seiten 3 und 4 des Antwortbogens ab!

S30, Seite 4

Diesen Antwortbogen finden Sie zum Ausdrucken auch im Internet unter: www.hueber.de/pruefung-express

Informationen zum Prüfungsteil Schriftlicher Ausdruck

Im Prüfungsteil *Schriftlicher Ausdruck* schreiben Sie einen argumentativen Text. Sie müssen mindestens 350 Wörter schreiben und haben dazu 70 Minuten Zeit.
Sie erhalten zwei Themen. Sie wählen eines davon aus und schreiben Ihren Text zu diesem Thema. Die Aufgaben bestehen jeweils aus zwei kontroversen Aussagen zum Thema und einer Situationsbeschreibung mit einer Arbeitsanweisung. Die Aufgabe ist in den Kontext Studium, Universität oder Wissenschaft eingebunden.

Wichtiger Hinweis

Auf dem Aufgabenblatt finden Sie eine Nummer (Testversion). Diese Nummer müssen Sie auf den Antwortbogen übertragen. Wenn Sie das vergessen, wird Ihre Prüfung **nicht** ausgewertet.

Anforderungen

Sie zeigen, dass Sie einen zusammenhängenden und klar strukturierten Text zu einem kontroversen Thema sprachlich angemessen schreiben können. Erwartet wird von Ihnen, dass Sie das Thema von zwei oder mehr Seiten detailliert betrachten und Ihren eigenen Standpunkt begründet darlegen können. Dabei wird insbesondere darauf geachtet, dass Sie sich differenziert ausdrücken, komplexe Satzstrukturen korrekt verwenden und variablen Wortschatz wirksam einsetzen.

Bewertung

Bewertet wird Ihre Leistung nach vier Kriterien:

- **Aufgabengerechtheit**: Bewertet wird die Bearbeitung der Aufgabenstellung, also die Tatsache, ob Sie alle Aspekte der Aufgabe ausreichend berücksichtigt haben. Dabei geht es aber nicht nur um die inhaltliche Erfüllung der Aufgabe, sondern auch darum, ob Ihr Text die Anforderungen von Textsorte und Situation angemessen berücksichtigt. Der Text muss klar und präzise sein, die Argumentationsführung logisch und es muss ein roter Faden erkennbar sein.
- **Korrektheit**: Bewertet wird das Maß an sprachlicher Korrektheit Ihres Textes. Dabei geht es um Fehler in der Grammatik, der Rechtschreibung und der Interpunktion.
- **Repertoire**: Bewertet wird, ob Sie sich abwechslungsreich und präzise ausdrücken können. Dabei geht es sowohl um den wirksamen Einsatz eines umfangreichen Wortschatzes als auch um die Verwendung komplexer Satzstrukturen.
- **Kommunikative Gestaltung**: Bewertet wird, ob Ihr Text gut und logisch strukturiert ist. Geachtet wird hier insbesondere auf die angemessene Verwendung von Mitteln der inhaltlichen und sprachlichen Verknüpfung.

Innerhalb eines der vier Kriterien wird Ihre Schreibleistung jeweils einer von vier Leistungsstufen (A, B, C oder D) zugeordnet:

A (12 Punkte) = Die Schreibleistung entspricht den Anforderungen **in jeder Hinsicht**.
B (8 Punkte) = Die Schreibleistung entspricht den Anforderungen **vorwiegend**.
C (4 Punkte) = Die Schreibleistung entspricht den Anforderungen **vorwiegend nicht**.
D (0 Punkte) = Die Schreibleistung entspricht den Anforderungen **überhaupt nicht**.

Die Punkte für die einzelnen Kategorien werden folgendermaßen vergeben:

	A	B	C	D
Aufgabengerechtheit	12	8	4	0
Korrektheit	12	8	4	0
Repertoire	12	8	4	0
Angemessenheit	12	8	4	0

Maximal können 48 Punkte erreicht werden.

Info

Dauer: 70 Minuten
Text: argumentativer Sachtext
Aufgaben: 1 (von 2 Themen)
Punkte: 48

Das muss ich tun!

Sie schreiben einen argumentativen Text zu einem kontroversen Thema. Dabei wählen Sie eines von zwei vorgegebenen Themen aus. Der Text soll mindestens 350 Wörter umfassen.

Wie mache ich das?

1. Schreiben Sie die Nummer Ihrer Testversion auf den Antwortbogen.
2. Lesen Sie beide Aufgaben bzw. Themen auf Seite 35 und entscheiden Sie sich schnell für eines der beiden Themen. Zu welchem Thema wissen Sie mehr? Sie können vor Ihrer Entscheidung Ihre Ideen beispielsweise in einem Assoziogramm notieren.
3. Fertigen Sie zuerst auf Ihrem Notizpapier einen kurzen Schreibplan an (Gliederung Ihrer Ideen).
4. Ihr Text muss eine Einleitung, einen Hauptteil und einen Schluss enthalten. Außerdem müssen diese Teile gut miteinander verbunden sein.
5. Berücksichtigen Sie alle Teilaspekte der Aufgabe (Zitate aufgreifen, erörtern etc.).
6. Für die Ideensammlung und Ihre Gliederung sollten Sie nicht mehr als 10 bis 15 Minuten verwenden.
7. Schreiben Sie nun Ihren Text direkt auf den Antwortbogen. (Nur was hier steht, wird bewertet. Sie haben keine Zeit, erst auf dem Notizpapier vorzuformulieren. Und da Sie mit Bleistift schreiben, können Sie Ihren Text problemlos korrigieren.)
8. Planen Sie am Ende 10 Minuten Zeit ein, um Ihren Text zu überprüfen und gegebenenfalls Fehler zu korrigieren. Achten Sie dabei besonders auf für Sie „typische“ Fehler, auf die Wortstellung und die Zeichensetzung.

TIPPS

→ Wichtig ist, dass Sie einen „runden“ Text schreiben: Er sollte übersichtlich und klar gegliedert sein. Das erreichen Sie auch durch Überleitungen zwischen den Textabschnitten und durch logische sprachliche Verknüpfungen (siehe Anhang ab Seite 75).

→ Sehen Sie während des Schreibens immer wieder auf Ihren Schreibplan, damit Sie den Überblick nicht verlieren. Sie können Ihren Schreibplan auch weiterentwickeln, indem Sie neue Ideen, die Sie beim Schreiben haben, einfügen.

→ Gehen Sie in der Einleitung kurz auf das Thema ein. Dazu können Sie zum Beispiel einen aktuellen Bezug herstellen, Ihre eigene Beziehung zum Thema beschreiben oder eine Frage formulieren.

→ Nutzen Sie die beiden in der Aufgabe angegebenen Zitate als Anregung für Ihre Argumentation. Sie geben Ihnen erste Hinweise, aus welchen gegensätzlichen Perspektiven man das Thema betrachten kann. Ihre Argumentation im Hauptteil soll aber über die beiden Zitate hinausgehen. Führen Sie daher weitere Argumente aus, um das Thema aus unterschiedlichen Blickwinkeln zu betrachten.

→ Begründen Sie Ihre Argumente schlüssig und führen Sie auch passende Beispiele an.

→ Bleiben Sie immer beim Thema: Ihre Argumente und Beispiele sollten immer einen direkten Bezug dazu haben. Schreiben Sie nicht über Nebensächlichkeiten.

→ Fassen Sie im Schluss Ihre Argumentation zusammen und formulieren Sie Ihren eigenen Standpunkt. Vergessen Sie nicht, Ihre Meinung zu begründen. Beachten Sie, dass Ihre eigene Position erst am Ende Ihrer Argumentation zur Sprache kommen soll.

→ Formulieren Sie möglichst sachlich, neutral und nicht umgangssprachlich.

→ Schreiben Sie möglichst abwechslungsreich (Wortschatz und Satzstrukturen). Denken Sie daran, dass es sich um eine Sprachprüfung handelt. Wichtiger als Ihre inhaltlichen Ideen ist die sprachliche Umsetzung: Sie sollen vor allem zeigen, was Sie sprachlich können.

→ Unterstützen Sie Ihre Gliederung auch durch Absätze zwischen den Textteilen.

→ Seien Sie vorsichtig mit der Verwendung von sogenannten Redemitteln. Eine Aneinanderreihung von auswendig gelernten Phrasen wird negativ beurteilt. Setzen Sie Redemittel also gezielt und nur dosiert ein.

Hinweis: Sie finden den Antwortbogen zu diesem Prüfungsteil auf Seite 70–73 und im Internet unter: www.hueber.de/pruefung-express

Übertragen Sie diese Nummer auf den Antwortbogen S30, S. 5 und 7:

0	0	0	1	1	1

Testversion

Wenn Sie diese Nummer nicht übertragen, wird Ihre Prüfung nicht ausgewertet.

Schriftlicher Ausdruck

Wählen Sie eines der folgenden zwei Themen. Schreiben Sie einen Text, in dem Sie Ihren eigenen Standpunkt dazu erarbeiten und argumentativ darlegen. Ihr Text soll mindestens 350 Wörter umfassen. Sie haben 70 Minuten Zeit.

Thema 1

In einer Seminararbeit sollen Sie das Thema **„Studiengebühren"** aus unterschiedlichen Perspektiven beleuchten.

Sie können die unten stehenden Zitate zur Orientierung verwenden, aber auch andere Aspekte des Themas darlegen.
Argumentieren Sie überzeugend, führen Sie Beispiele an und gliedern Sie Ihren Text in Einleitung, Hauptteil und Schluss.

„Mit Studiengebühren können sich nur Reiche eine gute Bildung leisten."

„Man schätzt, wofür man bezahlt – durch Studiengebühren lernt man den Wert seiner Ausbildung zu achten."

oder

Thema 2

In einer Seminararbeit sollen Sie das Thema **„Tabubrüche in der Werbung"** aus unterschiedlichen Perspektiven beleuchten.

Sie können die unten stehenden Zitate zur Orientierung verwenden, aber auch andere Aspekte des Themas darlegen.
Argumentieren Sie überzeugend, führen Sie Beispiele an und gliedern Sie Ihren Text in Einleitung, Hauptteil und Schluss.

„Es gibt keine schlechte Presse – Aufmerksamkeit ist immer gut."

„Auch die Werbebranche muss ethische Standards einhalten."

Informationen zum Prüfungsteil Mündlicher Ausdruck

Der Prüfungsteil Mündlicher Ausdruck hat drei Teile und dauert insgesamt ca. 16 Minuten.
Es gibt immer zwei Prüfer bzw. Prüferinnen.
In der Regel handelt es sich um eine Paarprüfung. Sie werden also nicht allein, sondern zusammen mit einer anderen Kandidatin oder einem anderen Kandidaten geprüft.
Wenn die Teilnehmerzahl bei der Prüfung ungerade ist, dann wird die Prüfung als Dreierprüfung abgehalten. In diesem Fall verlängert sich die Prüfungsdauer auf ca. 24 Minuten. Wenn es nur eine Prüfungskandidatin bzw. einen Prüfungskandidaten gibt, dann findet die Prüfung als Einzelprüfung statt. In diesem Fall übernimmt einer bzw. eine der Prüfenden die Rolle der zweiten Teilnehmerin bzw. des zweiten Teilnehmers.

Übersicht über die Prüfungsteile

Am Anfang der Prüfung findet ein kurzes Gespräch zwischen den Prüfenden und den Teilnehmerinnen bzw. Teilnehmern statt, in dem sich alle kurz vorstellen.

Teil	Text	Aufgabe	Zeit	Anforderung
1A	Präsentation/ Kurzreferat	Sie halten einen kurzen Vortrag über ein Thema, das Sie aus 2 vorgegebenen Themen ausgewählt haben.	3 Minuten (für eine Person)	Sie zeigen, dass Sie ein Thema gut strukturiert, flüssig und sprachlich angemessen präsentieren können. Dabei zeigen Sie, dass Sie Argumente begründen und mit Beispielen anschaulich darstellen können.
1B	Zusammenfassung und Anschlussfragen	Sie fassen den Vortrag Ihrer Prüfungspartnerin / Ihres Prüfungspartners zusammen und stellen Fragen dazu, die Ihre Prüfungspartnerin / Ihr Prüfungspartner beantworten muss.	2 Minuten (für eine Person)	Sie zeigen, dass Sie eine gehörte Präsentation in den wichtigsten Aspekten anhand von Notizen zusammenfassen können. Außerdem zeigen Sie, dass Sie Nachfragen stellen und angemessen beantworten können.
2	Diskussion	Sie diskutieren mit Ihrer Prüfungspartnerin / Ihrem Prüfungspartner über ein vorgegebenes Zitat anhand von 4 Leitfragen.	6 Minuten (für zwei Personen)	Sie zeigen, dass Sie mit anderen sprachlich angemessen zu einem Thema Meinungen austauschen und auf Argumente reagieren können.

Vorbereitung

Für den Prüfungsteil 1A steht Ihnen eine Vorbereitungszeit von 20 Minuten zur Verfügung.
In dieser Zeit können Sie Notizen machen.
Während der Vorbereitung werden Sie beaufsichtigt und Sie dürfen keine Hilfsmittel verwenden.

Bewertung

Bewertet wird Ihre Leistung nach „inhaltlicher Angemessenheit" und „sprachlicher Angemessenheit". In beiden Bereichen wird Ihre Leistung – wie im Prüfungsteil *Schriftlicher Ausdruck* – jeweils einer von vier Leistungsstufen (A, B, C oder D) zugeordnet:

A = Die Leistung entspricht den Anforderungen **in jeder Hinsicht**.
B = Die Leistung entspricht den Anforderungen **vorwiegend**.
C = Die Leistung entspricht den Anforderungen **vorwiegend nicht**.
D = Die Leistung entspricht den Anforderungen **überhaupt nicht**.

Maximal können bei der mündlichen Prüfung 48 Punkte erreicht werden, 16 Punkte für die inhaltliche Angemessenheit und 32 Punkte für die sprachliche Angemessenheit. Sie müssen mindestens 29 Punkte erreichen.

Inhaltliche Angemessenheit
Die inhaltliche Angemessenheit wird mit dem Kriterium der **Aufgabengerechtheit** bewertet. Dabei geht es um die Tatsache, ob Sie beispielsweise Ihre Präsentation (Teil 1A) klar gegliedert und ob Sie Fragen zu Ihrer Präsentation ausreichend beantwortet haben. Außerdem wird bewertet, ob Sie die Zusammenfassung (Teil 1B) auf die wichtigsten Aspekte beschränkt haben.
In der Diskussion (Teil 2) wird bewertet, ob es Ihnen gelungen ist, Ihre Meinung begründet darzustellen und auf die Position des Gesprächspartners angemessen einzugehen. Insgesamt wird auch bewertet, ob und wie Sie mit Ihrem Prüfungspartner / Ihrer Prüfungspartnerin interagieren.

Punkteverteilung (maximal 16) **Kriterium Aufgabengerechtheit**	**A**	**B**	**C**	**D**
Teil 1A: Präsentation	6	4	2	0
Teil 1B: Zusammenfassung und Anschlussfragen	4	2	1	0
Teil 2: Diskussion	6	4	2	0

Sprachliche Angemessenheit
Die sprachliche Angemessenheit wird mit vier Kriterien bewertet:

- **Flüssigkeit:** Hier wird bewertet, ob Ihre Kommunikation natürlich wirkt und Ihr Sprechtempo gleichmäßig (nicht zu schnell, ohne Stockungen) ist und ob Sie Verknüpfungsmittel verwenden können.
- **Repertoire:** Hier wird bewertet, ob Sie abwechslungsreich sprechen und alles, was Sie sagen wollen, auch möglichst präzise ausdrücken können. Dazu gehört auch die Verwendung komplexer Satzstrukturen.
- **Grammatische Richtigkeit:** Hier wird das Maß an sprachlicher Korrektheit Ihrer Beiträge bewertet.
- **Aussprache und Intonation:** Hier wird bewertet, ob Ihre Aussprache klar ist und Ihre Intonation möglichst natürlich klingt.

Punkteverteilung (maximal 32) **Kriterien**	**A**	**B**	**C**	**D**
Flüssigkeit	8	5	2	0
Repertoire	8	5	2	0
Grammatische Richtigkeit	8	5	2	0
Aussprache und Intonation	8	5	2	0

Info

Dauer: ca. 5 Minuten pro Teilnehmerin / Teilnehmer
Sprechen: eine Präsentation halten, eine Präsentation zusammenfassen, Fragen stellen und Fragen beantworten
Aufgaben: 2, davon eine zu bearbeiten
Vorbereitungszeit: 20 Minuten
Punkte: 6 (Teil 1A: Präsentation) + 4 (Teil 1B: Zusammenfassung und Anschlussfragen)
+ 32 Punkte für die sprachliche Angemessenheit des gesamten Prüfungsteils *Mündlicher Ausdruck*

Das muss ich tun!

Sie wählen eines von zwei vorgegebenen Themen, halten eine Präsentation dazu und beantworten Rückfragen. Außerdem fassen Sie die von Ihrer Prüfungspartnerin / Ihrem Prüfungspartner gehaltene Präsentation zusammen und stellen Anschlussfragen dazu.

Wie mache ich das?

Vorbereitung

1. In der Vorbereitungszeit bekommen Sie ein Aufgabenblatt mit zwei Aufgaben bzw. Themen. Lesen Sie beide Aufgaben bzw. Themen und entscheiden Sie sich schnell für eines der beiden Themen. Zu welchem Thema wissen Sie mehr? Sie können vor Ihrer Entscheidung Ihre Ideen beispielsweise in einem Assoziogramm notieren.
2. Machen Sie sich dann weitere Notizen zum gewählten Thema. Sie müssen nur 3 Minuten sprechen: Wählen Sie daher nur wichtige Aspekte aus und bringen Sie diese in eine logische Reihenfolge.
3. Fertigen Sie aus Ihren Überlegungen eine Gliederung mit Stichpunkten an. Denken Sie dabei an die grundsätzliche Gliederung des Textes in Einleitung, Hauptteil und Schluss.
4. Nach Ende der Vorbereitungszeit gehen Sie in den Prüfungsraum. (Sie werden abgeholt.) Die beiden Prüfenden begrüßen Sie und Ihre Prüfungspartnerin / Ihren Prüfungspartner und informieren Sie noch einmal kurz über den Ablauf der Prüfung. Alle stellen sich kurz vor.

Teil 1A

5. Wenn Sie mit Ihrer Präsentation beginnen, nennen Sie das Thema und erläutern Sie kurz Ihre Gliederung. Stellen Sie dann die Aspekte Ihres Hauptteils dar und ziehen Sie am Ende ein Fazit.

Teil 1B

6. Im Anschluss fasst Ihre Prüfungspartnerin / Ihr Prüfungspartner Ihre Präsentation zusammen (ca. eine Minute) und stellt Ihnen Fragen, die Sie kurz beantworten.
7. Dann tauschen Sie die Rollen: Ihr Partner / Ihre Partnerin hält eine Präsentation. Machen Sie sich kurze Notizen der Hauptinformationen und fassen Sie anschließend anhand Ihrer Notizen die wichtigsten Punkte zusammen und stellen Rückfragen, die Ihre Partnerin / Ihr Partner beantwortet.

TIPPS

→ Beachten Sie: Für Einleitung und Schluss Ihrer Präsentation sollten Sie jeweils maximal 30 Sekunden verwenden. Dann haben Sie noch 2 Minuten für den Hauptteil.

→ Begründen Sie Ihre Argumente schlüssig und geben Sie Beispiele.

→ Reihen Sie Ihre Ideen und Argumente nicht bloß aneinander. Strukturierende Elemente helfen den Zuhörern, Ihnen zu folgen (siehe Anhang ab Seite 82).

→ Schreiben Sie in der Vorbereitungszeit nur Stichpunkte auf Ihr Notizblatt. Sie müssen in der Prüfung frei sprechen. Es hilft, wenn Sie Ihre Stichpunkte gut lesbar notieren.

→ Konzentrieren Sie sich während der Präsentation Ihrer Prüfungspartnerin / Ihres Prüfungspartners auf das Zuhören und notieren Sie nur die wichtigsten Aspekte.

→ Fassen Sie nur die wichtigsten Aspekte der gehörten Präsentation sachlich und kurz zusammen und stellen Sie Fragen.

→ Sprechen Sie deutlich, nicht zu schnell, mit Pausen, mit Betonung wichtiger Aussagen.

→ Sehen Sie Ihre Prüfungspartnerin / Ihren Prüfungspartner an, während Sie Fragen stellen. Wenden Sie sich immer der Person zu, mit der Sie gerade kommunizieren.

→ Seien Sie freundlich und tragen Sie zu einer entspannten und kooperativen Atmosphäre bei.

Teilnehmer/in A

Teil 1A Präsentation (3 Minuten)

Aufgabe

In einer Lehrveranstaltung Ihrer Universität sollen Sie eine Präsentation (ca. 3 Min.) halten. Wählen Sie eines der Themen aus. Sie können sich Notizen machen (Stichworte, keinen zusammenhängenden Text). Denken Sie auch an eine Einleitung und einen Schluss bzw. ein Fazit. Ihre Präsentation soll gut gegliedert sein und das Thema verständlich und ausführlich darstellen. Im Anschluss werden Ihnen Fragen gestellt.

Themen

- Viele Bildungspolitiker fordern mehr englischsprachige Studiengänge in Deutschland. Welche Folgen sehen Sie, wenn die Unterrichtssprache im Studium an einer deutschen Hochschule ausschließlich Englisch ist? Begründen Sie Ihre Ansicht.
- Oftmals wählen Studieneinsteiger lieber ein Fach, das gute Karrierechancen bietet, statt den eigenen Interessen und Vorlieben zu folgen. Berichten Sie von unterschiedlichen Haltungen, die Sie beobachten konnten, und Ihren eigenen Erfahrungen.

Teil 1B Zusammenfassung und Anschlussfragen (2 Minuten)

Aufgabe

- Machen Sie sich Notizen, während Ihre Partnerin/Ihr Partner ihre/seine Präsentation hält. Im Anschluss fassen Sie die Präsentation Ihrer Partnerin/Ihres Partners zusammen.
- Stellen Sie dann Ihrer Partnerin/Ihrem Partner Anschlussfragen.

SPRECHEN TEIL 2 TIPPS & TRICKS

Info

Dauer: ca. 6 Minuten für 2 Personen
Sprechen: Diskussion
Aufgaben: 1
Vorbereitungszeit: keine
Punkte: 6
+ 32 Punkte für die sprachliche Angemessenheit des gesamten Prüfungsteils *Mündlicher Ausdruck*

Das muss ich tun!

Sie diskutieren mit Ihrer Prüfungspartnerin / Ihrem Prüfungspartner spontan über ein gegebenes Zitat und 4 Leitfragen dazu.
Sie tauschen mit Ihrer Prüfungspartnerin / Ihrem Prüfungspartner Meinungen aus und reagieren auf Argumente.

Wie mache ich das?

1. Lesen Sie das Zitat, das Ihnen auf dem Aufgabenblatt vorgelegt wird, möglichst schnell. Die vier Leitfragen sind immer gleich. Sie müssen diese Leitfragen bei der Prüfung also nicht lesen. So haben Sie mehr Zeit, um über das Zitat nachzudenken, bevor Sie mit der Diskussion beginnen.
2. Erklären Sie zunächst, wie Sie das Zitat verstehen, und stellen Sie Ihre Meinung dazu deutlich dar: Stimmen Sie der Aussage zu? Lehnen Sie sie ab? Haben Sie Zweifel? Begründen Sie Ihre Meinung und nennen Sie Beispiele.
3. Diskutieren Sie mit Ihrer Prüfungspartnerin / Ihrem Prüfungspartner. Gehen Sie auf deren / dessen Argumente und Meinung ein.
4. Falls die Diskussion ins Stocken gerät, helfen die Prüfenden, indem sie Fragen stellen.
5. Nach Ablauf der Prüfungszeit beenden die Prüfenden die Diskussion.

TIPPS

→ Argumentieren Sie! Das bedeutet, dass Sie Thesen formulieren, die Sie mit Argumenten begründen und mit Beispielen belegen. Achten Sie dabei darauf, dass Sie sachlich argumentieren und nicht nur über persönliche Dinge sprechen.

→ Hören Sie gut zu, wenn Ihre Prüfungspartnerin / Ihr Prüfungspartner spricht, und reagieren Sie auf seine / ihre Aussagen. Fragen Sie beispielsweise nach, wenn für Sie etwas unklar geblieben ist oder Sie etwas nicht verstanden haben.

→ Sie können die Aussagen Ihrer Prüfungspartnerin / Ihres Prüfungspartners als Ausgangspunkt für Ihre eigene Argumentation auch kurz zusammenfassen.

→ Setzen Sie sich mit der Meinung Ihrer Prüfungspartnerin / Ihres Prüfungspartners auseinander: Formulieren Sie Gegenargumente, wenn Sie nicht einverstanden sind und widersprechen wollen. Nennen Sie weitere Beispiele oder eigene Erfahrungen, wenn Sie die gleiche Meinung vertreten. Achten Sie aber darauf, dass Sie dabei das Thema nicht aus dem Blick verlieren und auf die Aussagen Ihrer Prüfungspartnerin / Ihres Prüfungspartners reagieren.

→ Unterbrechen Sie Ihre Prüfungspartnerin / Ihren Prüfungspartner nicht. Wenn sie / er zu lange spricht, signalisieren Sie, dass Sie sich wieder in das Gespräch einbringen möchten.

→ Sprechen Sie nicht zu lange und beziehen Sie Ihre Prüfungspartnerin / Ihren Prüfungspartner immer wieder mit ein. Vergessen Sie nicht, dass es um einen Dialog und um den Austausch von Argumenten und Meinungen geht.

→ Wenden Sie sich Ihrer Prüfungspartnerin / Ihrem Prüfungspartner zu. Mit ihr / ihm sollen Sie kommunizieren, nicht mit den Prüfenden. Sehen Sie während der gesamten Prüfung die Person an, mit der Sie gerade sprechen.

→ Seien Sie freundlich und tragen Sie zu einer entspannten und kooperativen Atmosphäre bei.

Teilnehmer/in A / B / (C)

Teil 2 Diskussion (6 Minuten)

Diskutieren Sie mit Ihrer Partnerin oder Ihrem Partner über:

> Es gibt nur eins, was auf Dauer teurer ist als Bildung: keine Bildung.
>
> *John F. Kennedy, 1917–1963, amerikanischer Politiker und Präsident der USA*

Aufgabe

- Wie verstehen Sie diese Aussage?
- Inwiefern teilen Sie diese Ansicht?
- Geben Sie dazu Gründe und Beispiele an.
- Gehen Sie auch auf die Argumente Ihrer Partnerin/Ihres Partners ein.

SIMULATION DER PRÜFUNG

Leseverstehen, Teil 1

Lesen Sie den folgenden Text. Welche der Sätze a–h gehören in die Lücken 1–6? Es gibt jeweils nur eine richtige Lösung. Zwei Sätze können nicht zugeordnet werden. Markieren Sie Ihre Lösungen für die Aufgaben 1–6 auf dem Antwortbogen.
Lücke (0) ist ein Beispiel.

Sie möchten sich über die Bedeutung von Fehlern beim Lernen einer Fremdsprache informieren. Auf einer Internetseite zum Thema Fremdsprachenlernen finden Sie folgenden Text:

Rolle der Fehler beim Lernen einer Fremdsprache

Auf die Frage „Was ist ein Fehler?" werden die meisten Lernenden antworten, dass ein Fehler das ist, was sie beim Lernen einer Fremdsprache unbedingt vermeiden sollen. ___0___ Wer einen Fehler macht, bekommt eine schlechte Note und blamiert sich. ___1___ Man lernt über Erfolgserlebnisse und positive Erfahrungen, alles andere hemmt das Lernen und verringert den Lernerfolg.

Kleine Kinder machen in ihren ersten Lebensjahren nichts anderes als lernen. ___2___ Für sie ist es ein Spiel – wortwörtlich ein Kinderspiel. Sie lernen meistens, indem sie Sachen ausprobieren und dabei Erfolg haben. Bei Misserfolgen probieren sie es erneut, aber auf andere Weise. Ähnliche Beobachtungen treffen auch auf Jugendliche und Erwachsene zu, sobald es z. B. um ein Computerspiel oder freiwilliges Lernen für ein Hobby geht. Scheitern wird als ein Ansporn betrachtet, es noch einmal und besser zu versuchen. ___3___.

Das Ziel jeder Sprachverwendung ist eine gelingende Kommunikation: Wenn man mich versteht, war ich erfolgreich. Versteht man mich nicht oder noch nicht, muss ich es neu versuchen, will ich erfolgreich kommunizieren. ___4___ Das Lernen von Grammatik, Phonetik oder Wortschatz ist deshalb kein Selbstzweck, sondern es dient dem Erwerb von sprachlichen Mitteln, um mit anderen kommunizieren zu können.

Noch dazu muss gerade im Bereich des Sprachenlernens zwischen Performanz- und Kompetenzfehlern unterschieden werden. Während Kompetenzfehler darauf beruhen, dass man bestimmtes Wissen noch nicht hat und deswegen z. B. einen Satz nicht bilden oder eine Struktur nicht verstehen kann, kommen Performanzfehler in Situationen vor, in denen man so viel zur gleichen Zeit machen muss, dass auch schon bekannte und geübte Phänomene beim Schreiben oder Sprechen noch nicht integriert werden können. ___5___ Denn Kompetenzfehler zeigen mir, in welche Richtung ich mein Lernen weiterentwickeln soll, in welchen Bereichen ich also meine Kenntnisse noch ausbauen muss. Performanzfehler hingegen weisen mich darauf hin, was ich noch mehr üben sollte, um größere Routine zu entwickeln. Gerade beim Schreiben von Texten können sie auch einen Anlass bieten, den Schreibprozess in verschiedene Phasen aufzuteilen und eine Korrekturphase einzuplanen, in der man sich nur auf das Aufspüren dieser Fehler konzentriert.

___6___ Denn dann würden sie als ein Feedback-System wahrgenommen, das mir meldet, dass ich etwas noch einmal, auf eine andere Art versuchen sollte – ohne Druck und spielerisch.

Beispiel:

z So hat man es in der Schule oft erlebt:

a Auch beim Lernen einer Fremdsprache ist diese Herangehensweise eigentlich ideal.

b Beide Arten von Fehlern können eine gute Basis sein, um das weitere Lernen zu planen.

c Das machen sie rund um die Uhr und ohne es als besonders anstrengend zu empfinden.

d Diese Methode wird auch durch die neuesten Forschungsergebnisse bestätigt.

e Fehler sollten aber beim Lernen einer Fremdsprache als positive Signale gesehen werden.

f Sowohl Kompetenz- als auch Performanzfehler sollte man beim Lernen einer Sprache unbedingt vermeiden.

g Wahrscheinlich muss ich dafür zunächst neue sprachliche Mittel lernen.

h Wenn man so vorgeht, dann können Fehler wieder zu dem werden, was sie in unserer frühkindlichen Lernwelt waren.

Leseverstehen, Teil 2

Lesen Sie den folgenden Text. In welchem Textabsatz a–e finden Sie die Antworten auf die Fragen 7–12? Es gibt jeweils nur eine richtige Lösung. Jeder Absatz kann Antworten auf mehrere Fragen enthalten. Markieren Sie Ihre Lösungen für die Aufgaben 7–12 auf dem Antwortbogen.

Beispiel:

In welchem Abschnitt ...
0 gibt der Autor Behauptungen wieder?

○	●	○	○	○
a	b	c	d	e

In welchem Abschnitt ...

7 begründet der Autor eine Prognose?

8 beschreibt der Autor gegenwärtige Tendenzen?

9 formuliert der Autor Bedingungen?

10 gibt der Autor eine Definition wieder?

11 schildert der Autor eine kontinuierliche historische Entwicklung?

12 warnt der Autor vor Risiken?

Das Papier nicht wert?

a

Videoüberwachung, Sicherheitsschleusen, eine genaue Kontrolle der Materialien und der Mitarbeiter, Sicherheitschecks und keine Handys: Die Rede ist nicht von einem Gefängnis oder einem Geheimdiensthauptquartier, sondern von einer Druckerei. Aber nicht von irgendeiner Druckerei, sondern von einer Druckerei für Geldscheine: Hier werden unsere Eurobanknoten hergestellt.
Und auch wenn mit jeder neuen Generation von Eurobanknoten neue Feinheiten eingebaut werden, um den Geldfälschern wieder eine Nasenlänge voraus zu sein, so ist der Grundstoff dieser Scheine doch einfach Papier. Selbst Zahlen und Buchstaben, die je nach Lichteinfall von einer Farbe in die andere wechseln, und transparente Elemente, also alles, was den Fälschern das Handwerk schwerer machen soll, machen aus einem 100-Euro-Schein doch nichts anderes: Er bleibt ein Stück Papier. Sein Materialwert beträgt mit sieben bis sechzehn Cent nur einen Bruchteil seiner Kaufkraft. Ein Stück Papier im Wert von wenigen Cent repräsentiert also einen Wert von 100 Euro. Eigentlich absurd.

b

Wieso gibt es überhaupt Papiergeld? Der erste große Schritt auf diesem Weg war die „Erfindung" des Waren- und dann des Münzgeldes. Menschen einigten sich auf etwas, das kostbar war, und benutzten es als Währung, um Dinge kaufen und verkaufen zu können. Das war viel einfacher, als Waren gegeneinander zu tauschen, denn nun konnte man miteinander handeln, auch wenn der Partner nicht genau das Produkt zum Tausch anbieten konnte, das man selbst gerade benötigte. Diese „Währungen" umfassten jegliche Art von begehrten Gütern – Pelze, Tiere, Steine, Muscheln oder eben Edelmetalle.

Bei dieser Art von Geld war die Menge des Geldes durch die Menge des zugrundeliegenden Rohstoffes begrenzt, was in Europa ab dem Beginn der Neuzeit als eine Bremse der wirtschaftlichen Entwicklung wirkte. Abhilfe schuf die Entdeckung Amerikas und seiner Goldvorräte, da damit der Vorrat an Edelmetall, das man als Geld verwenden konnte, stieg. Das führte aber zum wirtschaftlichen Problem einer Inflation. Damit bezeichnet man in den Wirtschaftswissenschaften eine anhaltende Erhöhung des Preisniveaus von Gütern und Dienstleistungen, die immer dann entsteht, wenn dem im Umlauf befindlichen Geld nicht genug Waren, die damit gekauft werden können, gegenüberstehen.

c

Wenn also schon Edelmetalle wie Gold an Wert verlieren können, warum dann noch „wertloses" Papiergeld? Schon im 11. Jahrhundert wurde in China Papiergeld verwendet, allerdings nur als Ersatz für Münzgeld. Das Papiergeld ließ sich vor allem leichter transportieren als Beutel voll mit Münzen. In Europa spielte Papiergeld erst später eine Rolle. Aber auch hier begann seit dem 15. Jahrhundert seine Karriere als Ersatz für Münzgeld: Edelmetall wurde gegen einen Papierschein getauscht, auf dem dem Besitzer des Papiers zugesichert wurde, dass ihm der Wert seines Scheins auf Verlangen ausgezahlt wird. Zunächst brachte die Einführung des Papiergelds kaum Veränderungen für den Handel mit sich. Neues Papiergeld gab es nur dann, wenn auch neues Edelmetall, mit dem das Papiergeld gedeckt, also abgesichert war, vorhanden war. Aber dann bemerkte man, dass diese Deckung durch Edelmetall nicht zwingend notwendig ist, damit Menschen den Scheinen an sich einen Wert zusprechen. So wurde immer häufiger das Risiko eingegangen, mehr Papiergeld zu drucken und auszugeben, als Edelmetall zu seiner Deckung verfügbar war. Langsam, aber stetig reduzierte sich der Prozentsatz an Banknoten, die durch die Vorräte der Bank an Edelmetall gedeckt werden mussten. Ab dem Beginn des 20. Jahrhunderts wurde die Deckungspflicht zusehends aufgehoben.

d

Wozu aber dieses Wagnis eingehen? Schon die oben erwähnte Verwendung von Papiergeld in China scheiterte immer wieder daran, dass die Herrscher Unmengen von Geld druckten und es so zu starken Inflationen kam. Mit Papiergeld kann man aber als Staat, als Bank oder auch als Unternehmer eine Wette auf die Zukunft abschließen, genauer gesagt erlaubt dieses Konstrukt zum Beispiel, mit einem Kredit Materialien zu kaufen und daraus ein Produkt herzustellen, das dann verkauft werden kann. Dadurch wird Wertschöpfung betrieben. Damit dieser Vorgang aber bis zu seinem guten Ende kommen kann, muss der Prozess der Produktherstellung gelingen. Geld nur zu drucken, reicht also nicht aus, man braucht auch Waren, die man mit diesem Geld kaufen kann. Denn wenn diese Balance aus dem Gleichgewicht gerät, dann kommt es zur gefürchteten Hyperinflation, bei der der Preis von Waren in kürzester Zeit aberwitzige Steigerungsraten durchläuft. Das Geld würde dann seine Funktion als Wertaufbewahrungs- und Tauschmittel verlieren. Es ist also keine gute Idee, wenn manche Staaten heutzutage wieder dazu übergehen, ihre offenen Rechnungen mit einer Vergrößerung der Geldmenge zu bezahlen.

e

Papiergeld war sicherlich ein Fortschritt; dennoch dreht sich die Diskussion des 21. Jahrhunderts um die Abschaffung des materiellen Geldes. Derzeit nimmt der bargeldlose Zahlungsverkehr zu, sei es beim Kaufen (und Bezahlen) im Internet oder an der Supermarktkasse. Und unbestritten haben Geldscheine auch viele Schwächen: von dem schon angesprochenen dauernden Wettlauf mit den Fälschern über das Phänomen der Geldwäscherei bis zu der Frage nach der sicheren Vernichtung alter oder beschädigter Geldscheine. Warum also nicht gleich virtuelles Geld, also Geld, das nur digital vorhanden ist? Oder vielleicht eine ganze virtuelle Währung? Aber wenn auch seine Bedeutung zukünftig weiter abnehmen wird, ist davon auszugehen, dass es Bargeld auch in 10, 20 oder 50 Jahren noch geben wird. Denn der Wunsch, anonym und einfach zu bezahlen und etwas „Wertiges" aus der Hand zu geben, wird auch im digitalen Zeitalter nicht komplett verschwinden.

Leseverstehen, Teil 3

Lesen Sie den folgenden Text und die Aussagen 13–23. Welche der Aussagen sind richtig (+), falsch (–) oder gar nicht im Text enthalten (x)? Es gibt jeweils nur eine richtige Lösung. Markieren Sie Ihre Lösungen für die Aufgaben 13–23 auf dem Antwortbogen.

________________________________ (ÜBERSCHRIFT)

1
Wissen ist Macht – so lautet ein geflügeltes Wort im Deutschen, das auf den englischen Philosophen Francis Bacon zurückgeht. Sicherlich war das Wissen über ihre Untertanen seit jeher ein wichtiges Instrument der Mächtigen zur Sicherung ihrer Herrschaft. Nicht zufällig sind die ältesten schriftlichen Quellen, die uns überliefert sind, Steuerlisten der mesopotamischen Könige mit persönlichen Daten ihrer Untertanen. Und auch die Geschichte des modernen Staatswesens begann im 18. Jahrhundert mit dem Versuch, die Bevölkerung durch Volkszählungen und andere Methoden vollständig zu erfassen und so auch umfassend regieren und kontrollieren zu können. Wenn aber nun schon immer in der Geschichte Informationen über Personen erfasst wurden, wodurch wird die Datensammelwut im gegenwärtigen Zeitalter der Digitalisierung zu etwas Außergewöhnlichem – und wenn wir den Datenschützern glauben wollen – zu etwas außergewöhnlich Gefährlichem?

2
Um diese Frage zu beantworten, müssen wir zuerst die Abfragemöglichkeiten der gesammelten Daten betrachten. Während die Auswertung, die Analyse sowie die Kombination von gesammelten Daten bis vor Kurzem an die Arbeitsgeschwindigkeit von Menschen gebunden waren, die an einem Ort mit einer überschaubaren Menge von Datensätzen hantierten, kann man heutzutage auf unterschiedlichste digitale Daten überall auf der Welt und in sehr leistungsstarken Rechnernetzen zugreifen.

3
Eine zweite Bedingung, die die Datenmenge und vor allem die Analysegeschwindigkeit für lange Zeit beschränkte, waren die Archivierungs- und Speichermöglichkeiten von Daten. Bis weit in die zweite Hälfte des 20. Jahrhunderts lagen Daten nur in analoger Form vor. Sie wurden in Karteikästen und Ordnern archiviert. Bereits Ende des 19. Jahrhunderts wurden zwar Techniken zur maschinellen Auswertung von Daten entwickelt. Aber dafür mussten die Daten zuerst für die Maschinen lesbar gemacht werden. Das geschah in zeit- und kostenintensiven Arbeitsschritten, z. B. durch die Erstellung von sogenannten Lochkarten aus Papier bzw. Karton. Darauf wurden Dateninhalte durch einen Lochcode abgebildet und konnten so von Auswertemaschinen ausgelesen werden. Die manuelle und damit zeitaufwendige Eingabe analoger Daten bestimmte auch den Beginn des Computerzeitalters. Die Geschwindigkeit der Dateneingabe beschränkte dabei die zur Verfügung stehende Datenmenge nicht nur auf natürliche Weise, sondern machte auch Entscheidungen hinsichtlich der Relevanz von Daten und dem Ziel der Datenauswertung notwendig.

4
Heutzutage fällt der Zwischenschritt der mühsamen Dateneingabe in den meisten Fällen weg: Daten werden digital erhoben, digital gespeichert, automatisch ausgewertet und systematisch verarbeitet sowie in weltweit zugänglichen Netzen bereitgestellt. Und das alles in unvorstellbaren Mengen: Jeden Tag werden viele Terabytes an Daten über Milliarden Menschen verarbeitet, über jeden von uns werden Megabytes an Informationen gespeichert – alles digital, automatisiert und meist völlig unabhängig von der Bedeutung der Informationen.

5
Die Menschheit sieht sich im digitalen Zeitalter jedoch nicht nur einer unbeschreiblichen und alle Bereiche des Lebens umfassenden Datenflut gegenüber, sondern hat gleichzeitig mit den Instrumenten zum Sammeln dieser Daten auch die Werkzeuge entwickelt, die gesammelten Datenmengen zu analysieren und zu verwerten. Die Dimension dieser digitalen Verarbeitungspraktiken ist neu und wird von Experten unter dem Stichwort „Big Data" zusammengefasst. Dabei geht es insbesondere um Systeme, mit denen die Massendaten vorteilhaft und vor allem gewinnbringend verarbeitet und vermarktet werden können.

6
Denn in der digitalen Gegenwart sind es vor allem privatwirtschaftliche Unternehmen, die im großen Stil Daten sammeln, nutzen und verwerten. Große Digitalkonzerne leben von unseren Daten: Sie sammeln Daten, mehren deren Wert durch ihre Verarbeitung und Verknüpfung, verkaufen sie dann gewinnbringend weiter oder nutzen sie selbst für individuell zugeschnittene Werbung. Wir als Erzeuger der Daten werden

mit Dienstleistungen im Internet entlohnt, die das Leben bequemer machen, aber nur auf den ersten Blick kostenlos sind.

7
Zu den großen Datensammlern gehören auch Onlineshops. Sie setzen schon seit geraumer Zeit darauf, Kunden per Algorithmus personalisierte Kaufvorschläge zu unterbreiten. Ein Drittel aller Verkäufe auf Online-Plattformen sollen auf Produktempfehlungen zurückgehen, die Algorithmen errechnet haben. Für ein solches System braucht es vor allem eines: Daten. Und so verfügen Onlineshops über eine ungeheure Datenmenge zum Alltagsleben und vor allem zum Konsumverhalten von Milliarden Menschen.

8
Die riesigen Datenmengen, die die Unternehmen sammeln, ermöglichen ganz neue Einblicke in die Interessen, Vorlieben und vor allem das Konsumverhalten von Kunden. Bewegungsprofile oder auch soziale Beziehungsnetze können aus den Datenspuren, die wir im Internet hinterlassen, abgeleitet werden oder auch Voraussagen über unser zukünftiges Verhalten – alles Informationen, aus denen sich Profit schlagen lässt.

9
Dabei sind die Reaktionen der Konsumentinnen und Konsumenten auf den ungebremsten und zügellosen Datenhunger im Kontext von Big Data eine ziemlich bedenkliche Entwicklung. Denn für kleinste Erleichterungen des Alltags und Konsumvorschläge gibt man freiwillig und ohne Zögern persönliche Details über sich preis. Kommen dann noch wie beim Sammeln von Rabattpunkten kleine Einsparungen und Belohnungen dazu, erklärt man sich mit einem Klick mit der nahezu grenzenlosen Nutzung und Weitergabe der eigenen Daten einverstanden und vergisst dabei, dass diese Daten auch missbraucht werden können. Zudem liegen die Daten oft auf Servern, die den Datenschutzbestimmungen der Europäischen Union nicht unterliegen und auch nicht direkt von den Betroffenen kontrolliert werden können.

10
Aber nicht nur die Unternehmen wollen an unsere Daten heran, auch der Staat sammelt selbstverständlich Informationen über seine Bürgerinnen und Bürger. Lange Zeit schlug den staatlichen Datensammlern ein gewisses Misstrauen entgegen, wie z. B. die Protestbewegung gegen die Volkszählung in Deutschland im Jahr 1987 zeigte. Viele befürchteten damals einen Missbrauch der vom Staat gesammelten Daten, auch weil die Daten erstmals mit Hilfe von Computern ausgewertet und gespeichert werden sollten. Die Angst, zum „gläsernen Bürger" zu werden, war damals sehr stark ausgeprägt, persönliche Freiheit und informationelle Privatheit wurden als hohes Gut angesehen.

11
Die Haltung zum Thema Datenspeicherung und Datenschutz hat sich jedoch auf vielen Ebenen geändert. Aus der Angst vor der Durchleuchtung des Privatlebens durch den Staat ist bei vielen eine sehr naive Überzeugung geworden, dass man nichts zu verbergen und deshalb auch nichts zu befürchten habe, da sich die staatliche Überwachung ausschließlich gegen Kriminelle und Terroristen richte. Man nimmt eine zunehmende Kontrolle des öffentlichen Raums und der digitalen Kommunikation durch den Staat in Kauf, weil man sich nach einer Welt sehnt, in der potenzielle Straftäter durch das Sammeln von Informationen und umfassende Überwachung an der Ausführung ihrer Taten gehindert werden. Aber die Vernetzung von unterschiedlichen Datenquellen im Kontext von Big Data kann auch zu Risiken und Gefahren für jeden von uns führen. Denn durch die Kombination einzelner unproblematischer Informationen können sich problematische oder sogar falsche Schlussfolgerungen ergeben. Plötzlich gehört man vielleicht zum Kreis von Verdächtigen, weil man im falschen Stadtviertel wohnt und Datenspuren aus Onlineeinkäufen mit dem Leseverhalten auf Nachrichtenseiten und Informationen über Freunde bei Facebook kombiniert wurden.

12
Natürlich bieten die digitale Erhebung und Auswertung von Daten auch vielfältige Möglichkeiten und Chancen, die jedem von uns nutzen. Big Data wird beispielsweise heute im Bereich der medizinischen Forschung oder auch in Kliniken genutzt. Immer mehr Daten der Patienten werden digital erfasst, sodass man schneller Muster erkennen kann. Und digitale Patientenakten gewährleisten präzisere Diagnosen und eine reibungslose und genau abgestimmte Therapie, wenn die Daten eines individuellen Patienten mit diesen Mustern und der gesamten zur Verfügung stehenden Forschungsliteratur zusammengebracht werden können. Andererseits wird gerade am Beispiel gesundheitsrelevanter Daten deutlich, dass solche sensiblen Daten besonders gut vor Missbrauch geschützt werden müssen.

13
Daten sind die Ressource des 21. Jahrhunderts, sie sind es, die Unternehmen und Staaten Macht verschaffen. Ständig werden neue Techniken im Bereich Big Data entwickelt und führen zu immer neuen Herausforderungen für Datenschutz und Persönlichkeitsrechte.

Welche der Aussagen sind richtig (+), falsch (–) oder nicht im Text enthalten (x)?

13 Daten sind im Zeitalter der Digitalisierung zu einem Herrschaftsinstrument geworden.

14 Lange Zeit bestimmte das Tempo menschlicher Arbeitskräfte den Umgang mit Daten.

15 Mit dem Aufkommen des Computers war es möglich, Daten digital zu erheben und zu speichern.

16 Die Speicherung der Daten erfolgt heute meist unabhängig von ihrer Relevanz.

17 Große Privatunternehmen entwickeln Systeme zur Datensammlung und Datenanalyse.

18 Daten werden für vermeintlich kostenlose Internetdienste preisgegeben.

19 Rabattaktionen verleiten zum sorglosen Umgang mit den eigenen Daten.

20 In den meisten außereuropäischen Ländern gibt es keine Regeln zum Datenschutz.

21 1987 protestierten viele Menschen gegen den Missbrauch von gesammelten Daten.

22 Durch Vernetzung gesammelter Daten nimmt die Gefahr ab, dass Privatpersonen versehentlich als Kriminelle verdächtigt werden.

23 Ein besonderes Problem für die medizinische Therapie sind digitale Patientendaten.

Welche der Überschriften a, b oder c passt am besten zum Text? Markieren Sie Ihre Lösung für die Aufgabe 24 auf dem Antwortbogen.

24 **a** Big Data – die Entwicklung der Datenspeicherung
b Big Data – eine neue Dimension der Datenverwertung
c Big Data – Grundlage der Künstlichen Intelligenz

Sprachbausteine

Lesen Sie den folgenden Text. Welche Lösung (a, b, c oder d) ist jeweils richtig?
Markieren Sie Ihre Lösungen für die Aufgaben 25–46 auf dem Antwortbogen. Lücke (0) ist ein Beispiel.

Lernerautonomie und das Konzept Lernen durch Lehren

Eines der Schlagwörter der Pädagogik ist ___0___ Jahrzehnten die sogenannte Lernerautonomie. Alle fordern sie, alle wollen sie und Lehr- und Lernmethoden werden daran gemessen, ___25___ sie die Prinzipien der Lernerautonomie auch angemessen berücksichtigen und fördern.

Aber was steckt eigentlich ___26___ diesem Begriff? Die Idee der Lernerautonomie hat ihren Ursprung in der sogenannten Reformpädagogik des ___27___ und deren Vorstellung, Schülerinnen und Schüler ___28___ Handeln zu erziehen. ___29___ wurde die Selbsttätigkeit der Schüler in den Mittelpunkt gestellt und Lernen als ein selbstbestimmter Prozess verstanden. Diese Idee wurde später im Rahmen der konstruktivistischen Lerntheorie wieder ___30___. Lernen wird ___31___ als aktiver Konstruktionsprozess eines selbsttätigen und autonomen Individuums definiert.

___32___ als selbstbestimmter Wissenserwerb stellt die Lernerautonomie besonders große Anforderungen an Lernende wie Lehrende. So muss sie von einer inneren ___33___ der Lernenden ausgehen und auf eine ___34___ Reflexionsfähigkeit der Lernenden vertrauen. Autonomie ___35___ von den Lernerinnen und Lernern, den Lernprozess selbst aktiv mitzugestalten, ihre Kompetenzen durch Selbsteinschätzungen zu beurteilen und ihr Lernen zu reflektieren. Deshalb müssen sie ___36___ Lage versetzt werden, Entscheidungen über eigene Lernziele und Lernwege zu treffen.

Eine der konsequentesten Umsetzungen des Ideals der Lernerautonomie ist in der Idee des Lernens durch Lehren – kurz LDL – ___37___. Wesentliches Prinzip dieser Idee ist die Übertragung ___38___ Aufgaben und Funktionen der Lehrperson an die Lernenden. Lernerinnen und Lerner vermitteln sich gegenseitig die Lerninhalte. Die Lehrperson fungiert dagegen ___39___ des gesamten Lernprozesses als Begleiter, der die Ausführungen der Lernenden überwacht.

___40___ sich der Begriff des LDL grundsätzlich auf die Wissensvermittlung in einem Klassenkontext bezieht, wird er auch auf andere Kontexte des Erwerbs von Wissen wie zum Beispiel Tutorensysteme ausgedehnt. Dort ___41___ ältere oder fortgeschrittene Lernende Inhalte an jüngere Lernende. Wie neuere Forschungen zeigen, kann ___42___ Lernarrangement die Lernleistung sowohl des Betreuten als auch des Tutors in umfassendem ___43___ gesteigert werden. Gerade im Hochschulkontext bilden von erfahrenen Studierenden geleitete Tutorien in vielen Studienfächern heutzutage ein selbstverständliches Angebot, ___44___ Lehrveranstaltungen unterstützt und begleitet. Hier zeigt sich ein großer Vorteil des Tutorensystems: Tutoren ___45___ die fachlichen Schwierigkeiten, mit denen Studienanfängerinnen und -anfänger konfrontiert werden, gut nachvollziehen, weil sie diese ___46___ selbst erst überwunden haben.

Beispiel:

0 **a** durch
b für
c seit
d während

a b c d (c markiert)

25 **a** falls
b ob
c weil
d wenn

26 **a** für
b hinter
c in
d von

27 **a** 20. Jahrhunderts Beginns
b beginnenden 20. Jahrhunderts
c Beginns im 20. Jahrhundert
d begonnen 20. Jahrhunderts

28 **a** zu eigenverantwortlichem
b zu eigenverantwortlichen
c zum eigenverantwortlichem
d zur eigenverantwortlichen

29 **a** Damals
b Davor
c Neulich
d Zuvor

30 **a** aufgegriffen
b begriffen
c ergriffen
d zugegriffen

31 **a** dieser Theorie laut
b für diese Theorie
c gemäß dieser Theorie
d zufolge dieser Theorie

32 **a** Verstanden
b Verständlich
c Verstehen
d Verstehend

33 **a** Motevation
b Motievation
c Motivation
d Motivazion

34 **a** grundgelegte
b grundlegende
c grundliegende
d grundzulegende

35 **a** verlangen
b verlangen sie
c verlangt
d verlangt man

36 **a** in
b in der
c in die
d in einer

37 **a** erkannt
b erkennbar
c erkenntlich
d zu erkennend

38 **a** möglich zahlreichen
b möglichst zahlreichen
c möglichst zahlreicher
d von möglich zah reichen

39 **a** infolge
b trotz
c während
d wegen

40 **a** Da
b Obwohl
c Trotzdem
d Wenn

41 **a** lehren
b lernen
c unterrichten
d vermitteln

42 **a** in einem solchem
b in einem solchen
c in solchem
d in solchem einen

43 **a** Mass
b Masse
c Maße
d Maßen

44 **a** damit
b das
c dass
d die

45 **a** brauchen
b dürfen
c können
d müssen

46 **a** vor Kurzem
b vorkurzem
c vor Kurzen
d Vorkurzen

HINWEIS:
In der Hördatei sind alle Aufgabenstellungen sowie die Pausen zum Lesen der Aufgaben und zum Übertragen der Lösungen auf den Antwortbogen enthalten. Um den Teil Hörverstehen wie bei einer richtigen Prüfung zu üben, lassen Sie die Wiedergabe der Audiodatei laufen, bis Sie den Hinweis hören: „Ende des Subtests Hörverstehen". Halten Sie die Wiedergabe zwischendurch also nicht an.

Hörverstehen, Teil 1

4 *Sie hören die Meinungen von acht Personen. Sie hören die Meinungen nur einmal. Entscheiden Sie beim Hören, welche Aussage (a–j) zu welcher Person passt. Zwei Aussagen passen nicht.*
Markieren Sie Ihre Lösungen für die Aufgaben 47–54 auf dem Antwortbogen.
Lesen Sie jetzt die Aussagen a–j. Sie haben dazu eine Minute Zeit.

a Angewandte Wissenschaft und damit die Intelligenz des Menschen werden den Klimawandel aufhalten.

b Der Kampf gegen den Klimawandel ist das prägende Thema der Gegenwart.

c Der Klimawandel ist nur eines von vielen Katastrophenszenarien, die von den Medien aufgebauscht werden.

d Die Forderung nach einer klimagerechten Ernährung ist ein neuer Trick der Vegetarier.

e Die Menschen tun sich schwer damit, noch nicht erfahrbare Folgen des Klimawandels zu begreifen.

f Die reichen Länder der Welt müssen ihre Verantwortung für Klimawandel und Klimaschutz übernehmen.

g Eine klimagerechte Ernährung ist für jeden Einzelnen machbar.

h Es sind vor allem die reichen Industrieländer, die etwas gegen den Klimawandel unternehmen.

i Klimaveränderungen und Artensterben sind in der Erdgeschichte ganz normale Vorkommnisse.

j Vor allem die Industrie steht in der Verantwortung, etwas gegen den Klimawandel zu tun.

Hörverstehen, Teil 2

Sie hören eine Radiosendung. Sie hören die Sendung nur einmal. Entscheiden Sie beim Hören, welche Aussage (a, b oder c) am besten passt. Markieren Sie Ihre Lösungen für die Aufgaben 55–64 auf dem Antwortbogen.
Lesen Sie jetzt die Aufgaben 55–64. Sie haben dazu drei Minuten Zeit.

55 Ethische Richtlinien für den Bereich der Medizin
- **a** dienten schon in der Antike der Beruhigung von Menschen.
- **b** sind das Ergebnis der Technisierung der Medizin.
- **c** wurden von Frau Dr. Niederölstrich in ihrer Doktorarbeit entwickelt.

56 Mit dem Hippokratischen Eid
- **a** beginnt die medizinische Ethik der Antike.
- **b** erhält die Medizin eine naturwissenschaftliche Grundlage.
- **c** sicherten Ärzte ethisches Verhalten zu.

57 Professor Wichlt
- **a** betont die Notwendigkeit, sein berufliches Handeln ethisch zu reflektieren.
- **b** findet es unethisch, Menschen zu heilen und damit Geld zu verdienen.
- **c** hebt die religiöse Komponente des Arztberufs hervor.

58 In der modernen Medizinethik
- **a** gibt es gleiche Fragestellungen wie in der Antike.
- **b** ist der Hippokratische Eid nicht mehr religiös eingebunden.
- **c** wurde das Genfer Gelöbnis außer Kraft gesetzt.

59 Herr Professor Wichlt hält es für richtig, dass
- **a** das Genfer Gelöbnis in Deutschland wieder verpflichtend ist.
- **b** der Hippokratische Eid nicht mehr zitiert wird.
- **c** man als Arzt auch auf die eigene Gesundheit achten soll.

60 Frau Dr. Niederölstrich findet Medizinethik interessant, weil sie
- **a** der älteste Bereich der Philosophie ist.
- **b** ganz praktische Regeln für das menschliche Handeln bietet.
- **c** immer wieder auf veränderte Lebensumstände reagiert.

61 Herr Professor Wichlt freut sich
- **a** über die größere Bedeutung der Medizinethik in der Gegenwart.
- **b** über die Notwendigkeit der Medizinethik im Medizinstudium.
- **c** über eine neue Stelle an einer Medizinischen Fakultät.

62 Der Fortschritt in der Medizin
- **a** darf nicht durch unethische Experimente erreicht werden.
- **b** macht eine Anpassung ethischer Konventionen notwendig.
- **c** muss durch ethische Prinzipien begrenzt werden.

63 Laut Frau Dr. Niederölstrich ist Sterbehilfe
- **a** ein Bereich, der der Intention der Medizin entgegensteht.
- **b** ein Thema, das für sie persönlich sehr schwierig ist.
- **c** eine Entscheidung, die jeder Patient autonom trifft.

64 In der Zukunft möchte Professor Wichlt
- **a** die Geräte der hochtechnisierten Medizin nutzen.
- **b** selbst neue Formeln für die Medizin entwickeln.
- **c** sich noch mehr auf seine Patienten fokussieren.

Hörverstehen, Teil 3

*Sie hören einen Vortrag. Sie hören den Vortrag nur einmal. Sie haben Handzettel mit den Folien der Präsentation erhalten. Schreiben Sie die fehlenden Informationen **stichwortartig** in die freien Zeilen 65–74 in der rechten Spalte.*
Die Lösung 0 ist ein Beispiel.
Lesen Sie jetzt die Stichworte. Sie haben dazu eine Minute Zeit.

Präsentation	Ihre Lösungen
Vorlesungsreihe Aspekte der Fremdsprachenlehr- und -lernforschung Thema heute: **0** „…“ Gastreferent: Hubert Wollpflüger Gedächtniskünstler	**0** Wortschatzlernen und Gedächtniskunst
Leistung von Gedächtniskünstlern Gehirne von Gedächtniskünstlern: ohne besondere anatomische Merkmale aber im Gehirn von Gedächtniskünstlern: **65 …**	**65**
Mnemotechniken und Gedächtnis Mnemotechniken: Steigerung der Gedächtnisleistung Gedächtnis ist Fähigkeit, Informationen **66 …** Ziel: zuverlässiges Abrufen der Informationen	**66**

Präsentation	Ihre Lösungen
Loci-Methode Herstellung von Verknüpfungen zwischen **67 ...** Erstes Prinzip: Visualisierung Zweites Prinzip: **68 ...**	**67** ______ ______ ______ **68** ______ ______ ______
Schlüsselwortmethode Zusätzlich Verwendung von: **69 ...** Erster Schritt: Verbindung mit Schlüsselwort Zweiter Schritt: **70 ...**	**69** ______ ______ ______ **70** ______ ______ ______
Akustisches Gedächtnis Empfänglichkeit des Gedächtnisses für: • Gleichklang und Reime • **71 ...** Tipp für Lernen von Wörtern und Wendungen: **72 ...**	**71** ______ ______ ______ **72** ______ ______ ______
Relativierung des Nutzens von Mnemotechniken Vorteile von Mnemotechniken: **73** Abspeicherung im Gehirn ... Für Experten: nicht (mehr) nötig Grund: Kombination von neuem Wissen mit **74 ...**	**73** ______ ______ ______ **74** ______ ______ ______

Sie haben jetzt fünf Minuten Zeit, um Ihre Lösungen auf den Antwortbogen zu übertragen

Übertragen Sie diese Nummer auf den Antwortbogen S30, S. 5 und 7:

0	0	0	1	1	1

Testversion

Wenn Sie diese Nummer nicht übertragen, wird Ihre Prüfung nicht ausgewertet.

Schriftlicher Ausdruck

Wählen Sie eines der folgenden zwei Themen. Schreiben Sie einen Text, in dem Sie Ihren eigenen Standpunkt dazu erarbeiten und argumentativ darlegen. Ihr Text soll mindestens 350 Wörter umfassen. Sie haben 70 Minuten Zeit.

Thema 1

In einer Seminararbeit sollen Sie das Thema **„Auslandsstudium“** aus unterschiedlichen Perspektiven beleuchten.

Sie können die unten stehenden Zitate zur Orientierung verwenden, aber auch andere Aspekte des Themas darlegen.
Argumentieren Sie überzeugend, führen Sie Beispiele an und gliedern Sie Ihren Text in Einleitung, Hauptteil und Schluss.

„Wozu ein Studium im Ausland? Im Ausland kann man doch nichts lernen, was man nicht auch daheim lernen könnte!“

„Ein Auslandssemester im Lebenslauf – damit kann man potenzielle Arbeitgeber schon beeindrucken.“

oder

Thema 2

In einer Seminararbeit sollen Sie das Thema **„Sponsoring durch Unternehmen an öffentlichen Hochschulen“** aus unterschiedlichen Perspektiven beleuchten.

Sie können die unten stehenden Zitate zur Orientierung verwenden, aber auch andere Aspekte des Themas darlegen.
Argumentieren Sie überzeugend, führen Sie Beispiele an und gliedern Sie Ihren Text in Einleitung, Hauptteil und Schluss.

„Wenn die Unternehmen die Hochschulen finanzieren, dann steht doch fest, dass sie auch Einfluss auf Studium und Forschung nehmen.“

„Geld ist knapp an den Universitäten! Warum sollte man dann nicht das Geld aus der Wirtschaft nehmen?“

Zusammen mit dem Aufgabenblatt für Teil 1A der mündlichen Prüfung erhalten Sie zu Beginn der Vorbereitungszeit ein Informationsblatt zum Aufbau und Ablauf der mündlichen Prüfung. Da diese Informationen immer gleich sind, können Sie in der Prüfung also gleich mit der Bearbeitung der Aufgabe bzw. der Vorbereitung Ihrer Präsentation beginnen. In diesem Hinweisblatt gibt es beispielsweise folgende Informationen:

Mündliche Prüfung

Aufbau

Am Anfang der mündlichen Prüfung machen sich die Prüfenden und Teilnehmenden in einem kurzen Gespräch miteinander bekannt.

Teil 1A: Präsentation (ca. 3 Minuten)

Zu Beginn der Vorbereitungszeit bekommen Sie das Aufgabenblatt, auf dem zwei Themen stehen, vorgelegt. Sie sollen eines der beiden Themen wählen und während der Prüfung in ca. 3 Minuten präsentieren. Während der Vorbereitung dürfen Sie Notizen machen und auf diese auch während der Präsentation zurückgreifen. Aber Sie dürfen die Notizen dabei nicht ablesen. Während der Präsentation Ihrer Prüfungspartnerin/Ihres Prüfungspartners machen Sie sich Notizen.

Teil 1B: Zusammenfassung sowie Anschlussfragen (ca. 2 Minuten)

Im Anschluss an die Präsentation Ihrer Prüfungspartnerin/Ihres Prüfungspartners fassen Sie die für Sie besonders erwähnenswerten Inhalte zusammen. Falls Ihre Prüfungspartnerin/Ihr Prüfungspartner bereits am Ende ihrer/seiner Präsentation eine Zusammenfassung formuliert hat, dürfen Sie diese nicht wiederholen. Zusätzlich zur Zusammenfassung müssen Sie mindestens eine Frage zum Thema der Präsentation stellen. Nach Ihrer Präsentation fasst Ihre Prüfungspartnerin/Ihr Prüfungspartner zusammen und stellt mindestens eine Frage. Die Prüfenden dürfen ebenfalls Fragen stellen.

Teil 2: Diskussion (6 Minuten)

Für diesen Teil der mündlichen Prüfung gibt es vier Aufgabenblätter mit jeweils einer Aussage. Davon erhalten Ihre Prüfungspartnerin/Ihr Prüfungspartner und Sie aber nur ein Aufgabenblatt mit einer Aussage, über die Sie zusammen diskutieren sollen. Sie sollen dabei Argumente austauschen. Sollte die Diskussion nicht dem geforderten sprachlichen Niveau entsprechen, werden die Prüfenden mit Fragen eingreifen.

Teilnehmer/in A

Teil 1A Präsentation (3 Minuten)

Aufgabe

In einer Lehrveranstaltung Ihrer Universität sollen Sie eine Präsentation (ca. 3 Min.) halten. Wählen Sie eines der Themen aus. Sie können sich Notizen machen (Stichworte, keinen zusammenhängenden Text). Denken Sie auch an eine Einleitung und einen Schluss bzw. ein Fazit. Ihre Präsentation soll gut gegliedert sein und das Thema verständlich und ausführlich darstellen. Im Anschluss werden Ihnen Fragen gestellt.

Themen

- Eine Gruppe von Studierenden, die sich für den Umweltschutz engagiert, fordert, in der Mensa Ihrer Hochschule ausschließlich vegetarisches Essen anzubieten. Was halten Sie von dieser Forderung? Begründen Sie Ihre Ansicht.
- Welche Schlüsselkompetenzen sollten Studierende im Laufe ihres Studiums neben fachlichen Inhalten erwerben? Bitte begründen Sie Ihre Meinung. Berichten Sie auch von eigenen Erfahrungen.

Teil 1B Zusammenfassung und Anschlussfragen (2 Minuten)

Aufgabe

- Machen Sie sich Notizen, während Ihre Partnerin/Ihr Partner ihre/seine Präsentation vorträgt. Im Anschluss fassen Sie die Präsentation Ihrer Partnerin/Ihres Partners zusammen.
- Stellen Sie dann Ihrer Partnerin/Ihrem Partner Anschlussfragen.

Teilnehmer/in B

Teil 1A Präsentation (3 Minuten)

Aufgabe

In einer Lehrveranstaltung Ihrer Universität sollen Sie eine Präsentation (ca. 3 Min.) halten. Wählen Sie eines der Themen aus. Sie können sich Notizen machen (Stichworte, keinen zusammenhängenden Text). Denken Sie auch an eine Einleitung und einen Schluss bzw. ein Fazit. Ihre Präsentation soll gut gegliedert sein und das Thema verständlich und ausführlich darstellen. Im Anschluss werden Ihnen Fragen gestellt.

Themen

- An Ihrer Hochschule sind Vorlesungen oft überfüllt und viele Studierende bekommen keinen Platz. Ein Vorschlag ist nun, Vorlesungen nur noch über das Internet zu übertragen, damit man sie zu Hause verfolgen kann. Was halten Sie von diesem Vorschlag? Begründen Sie Ihre Ansicht.
- Zeitmanagement ist ein wichtiger Aspekt für ein erfolgreiches Studium. Welche Tipps für ein effektives Zeitmanagement im Studium können Sie geben? Begründen Sie und berichten Sie auch von eigenen Erfahrungen.

Teil 1B Zusammenfassung und Anschlussfragen (2 Minuten)

Aufgabe

- Machen Sie sich Notizen, während Ihre Partnerin/Ihr Partner ihre/seine Präsentation vorträgt. Im Anschluss fassen Sie die Präsentation Ihrer Partnerin/Ihres Partners zusammen.
- Stellen Sie dann Ihrer Partnerin/Ihrem Partner Anschlussfragen.

Teilnehmer/in C

Teil 1A Präsentation (3 Minuten)

Aufgabe

In einer Lehrveranstaltung Ihrer Universität sollen Sie eine Präsentation (ca. 3 Min.) halten. Wählen Sie eines der Themen aus. Sie können sich Notizen machen (Stichworte, keinen zusammenhängenden Text). Denken Sie auch an eine Einleitung und einen Schluss bzw. ein Fazit. Ihre Präsentation soll gut gegliedert sein und das Thema verständlich und ausführlich darstellen. Im Anschluss werden Ihnen Fragen gestellt.

Themen

- An Ihrer Hochschule soll eine generelle Anwesenheitspflicht für Studierende eingeführt werden. Sie soll für alle Lehrveranstaltungen gelten. Was halten Sie von dieser Maßnahme? Begründen Sie Ihre Ansicht.
- Immer mehr Fachbücher erscheinen mittlerweile ausschließlich als sogenannte E-Books. Wie beurteilen Sie diese Entwicklung? Begründen Sie Ihre Meinung und berichten Sie auch von eigenen Erfahrungen.

Teil 1B Zusammenfassung und Anschlussfragen (2 Minuten)

Aufgabe

- Machen Sie sich Notizen, während Ihre Partnerin/Ihr Partner ihre/seine Präsentation vorträgt. Im Anschluss fassen Sie die Präsentation Ihrer Partnerin/Ihres Partners zusammen
- Stellen Sie dann Ihrer Partnerin/Ihrem Partner Anschlussfragen.

Teilnehmer/in A / B / (C)

Teil 2 Diskussion (6 Minuten)

Diskutieren Sie mit Ihrer Partnerin oder Ihrem Partner über:

> Es gibt keine Freiheit ohne gegenseitiges Verständnis.
>
> *Albert Camus, 1913–1960, französischer Schriftsteller und Philosoph*

Aufgabe

- Wie verstehen Sie diese Aussage?
- Inwiefern teilen Sie diese Ansicht?
- Geben Sie dazu Gründe und Beispiele an.
- Gehen Sie auch auf die Argumente Ihrer Partnerin/Ihres Partners ein.

Teilnehmer/in A / B / (C)

Teil 2 Diskussion (6 Minuten)

Diskutieren Sie mit Ihrer Partnerin oder Ihrem Partner über:

> Die modernste Form menschlicher Armut ist das Keine-Zeit-Haben.
>
> *Ernst Ferstl, *1965, österreichischer Lehrer und Schriftsteller*

Aufgabe

- Wie verstehen Sie diese Aussage?
- Inwiefern teilen Sie diese Ansicht?
- Geben Sie dazu Gründe und Beispiele an.
- Gehen Sie auch auf die Argumente Ihrer Partnerin/Ihres Partners ein.

Teilnehmer/in A / B / (C)

Teil 2 Diskussion (6 Minuten)

Diskutieren Sie mit Ihrer Partnerin oder Ihrem Partner über:

> Jeder möchte die Welt verbessern und jeder könnte es auch, wenn er nur bei sich selber anfangen wollte.
>
> *Karl Heinrich Waggerl, 1897–1973, österreichischer Schriftsteller*

Aufgabe

- Wie verstehen Sie diese Aussage?
- Inwiefern teilen Sie diese Ansicht?
- Geben Sie dazu Gründe und Beispiele an.
- Gehen Sie auch auf die Argumente Ihrer Partnerin/Ihres Partners ein.

Teilnehmer/in A / B / (C)

Teil 2 Diskussion (6 Minuten)

Diskutieren Sie mit Ihrer Partnerin oder Ihrem Partner über:

> Die Welt ist ein Buch. Wer nie reist, sieht nur eine Seite davon.
>
> *Augustinus von Hippo (354-430), Philosoph der Spätantike*

Aufgabe

- Wie verstehen Sie diese Aussage?
- Inwiefern teilen Sie diese Ansicht?
- Geben Sie dazu Gründe und Beispiele an.
- Gehen Sie auch auf die Argumente Ihrer Partnerin/Ihres Partners ein.

Leseverstehen und Sprachbausteine – Lösungen

Leseverstehen, Teil 1

1	a	b	c	d	e	f	g	h	1
2	a	b	c	d	e	f	g	h	2
3	a	b	c	d	e	f	g	h	3
4	a	b	c	d	e	f	g	h	4
5	a	b	c	d	e	f	g	h	5
6	a	b	c	d	e	f	g	h	6

Leseverstehen, Teil 2

7	a	b	c	d	e	7
8	a	b	c	d	e	8
9	a	b	c	d	e	9
10	a	b	c	d	e	10
11	a	b	c	d	e	11
12	a	b	c	d	e	12

Leseverstehen, Teil 3

13	+	–	×	13
14	+	–	×	14
15	+	–	×	15
16	+	–	×	16
17	+	–	×	17
18	+	–	×	18
19	+	–	×	19
20	+	–	×	20
21	+	–	×	21
22	+	–	×	22
23	+	–	×	23

24	a	b	c	24

Sprachbausteine

25	a	b	c	d	25
26	a	b	c	d	26
27	a	b	c	d	27
28	a	b	c	d	28
29	a	b	c	d	29
30	a	b	c	d	30
31	a	b	c	d	31
32	a	b	c	d	32
33	a	b	c	d	33
34	a	b	c	d	34
35	a	b	c	d	35

36	a	b	c	d	36
37	a	b	c	d	37
38	a	b	c	d	38
39	a	b	c	d	39
40	a	b	c	d	40
41	a	b	c	d	41
42	a	b	c	d	42
43	a	b	c	d	43
44	a	b	c	d	44
45	a	b	c	d	45
46	a	b	c	d	46

S30, Seite 2

Hörverstehen – Lösungen

Hörverstehen, Teil 1

47	○ a	○ b	○ c	○ d	○ e	○ f	○ g	○ h	○ i	○ j	47
48	○ a	○ b	○ c	○ d	○ e	○ f	○ g	○ h	○ i	○ j	48
49	○ a	○ b	○ c	○ d	○ e	○ f	○ g	○ h	○ i	○ j	49
50	○ a	○ b	○ c	○ d	○ e	○ f	○ g	○ h	○ i	○ j	50
51	○ a	○ b	○ c	○ d	○ e	○ f	○ g	○ h	○ i	○ j	51
52	○ a	○ b	○ c	○ d	○ e	○ f	○ g	○ h	○ i	○ j	52
53	○ a	○ b	○ c	○ d	○ e	○ f	○ g	○ h	○ i	○ j	53
54	○ a	○ b	○ c	○ d	○ e	○ f	○ g	○ h	○ i	○ j	54

Hörverstehen, Teil 2

55	○ a	○ b	○ c	55
56	○ a	○ b	○ c	56
57	○ a	○ b	○ c	57
58	○ a	○ b	○ c	58
59	○ a	○ b	○ c	59
60	○ a	○ b	○ c	60
61	○ a	○ b	○ c	61
62	○ a	○ b	○ c	62
63	○ a	○ b	○ c	63
64	○ a	○ b	○ c	64

S30, Seite 3

Diesen Antwortbogen finden Sie zum Ausdrucken auch im Internet unter: www.hueber.de/pruefung-express

Hörverstehen, Teil 3

		0	1	2
65		◯	◯	◯
66		◯	◯	◯
67		◯	◯	◯
68		◯	◯	◯
69		◯	◯	◯
70		◯	◯	◯
71		◯	◯	◯
72		◯	◯	◯
73		◯	◯	◯
74		◯	◯	◯

Geben Sie am Ende des Prüfungsteils „Hörverstehen" die Seiten 3 und 4 des Antwortbogens ab!

S30, Seite 4

Schriftlicher Ausdruck – Lösungen

Familienname

Vorname

Testversion

Schriftlicher Ausdruck

S30, Seite 5

Diesen Antwortbogen finden Sie zum Ausdrucken auch im Internet unter: www.hueber.de/pruefung-express

Schriftlicher Ausdruck

S30, Seite 6

Familienname

Vorname

Testversion

Schriftlicher Ausdruck

S30, Seite 7

Diesen Antwortbogen finden Sie zum Ausdrucken auch im Internet unter: www.hueber.de/pruefung-express

Schriftlicher Ausdruck

Schriftlicher Ausdruck

Bewertung 1				
T		Thema verfehlt	ja	nein
1	A	B	C	D
2	A	B	C	D
3	A	B	C	D
4	A	B	C	D

Code-Nummer Bewertung 1

Bewertung 2				
T		Thema verfehlt	ja	nein
1	A	B	C	D
2	A	B	C	D
3	A	B	C	D
4	A	B	C	D

Code-Nummer Bewertung 2

Bewertung 3				
T		Thema verfehlt	ja	nein
1	A	B	C	D
2	A	B	C	D
3	A	B	C	D
4	A	B	C	D

Code-Nummer Bewertung 3

S30, Seite 8

Bestehen der Prüfung

Sie haben die Prüfung bestanden, wenn Sie mindestens 128 von 214 Punkte (60 %) erreichen. Dabei müssen Sie jedoch sowohl in der schriftlichen als auch in der mündlichen Prüfung mindestens 60 % der jeweils möglichen Punkte erreichen, also mindestens 99 Punkte in der schriftlichen Prüfung und 29 Punkte in der mündlichen Prüfung.

Wenn Sie die Prüfung bestanden haben, dann wird Ihr Ergebnis anhand der erreichten Gesamtpunktzahl einer von vier Noten zugewiesen:

Punkte	Note
193–214	sehr gut
172–192,5	gut
151–171,5	befriedigend
128–150,5	ausreichend

Wiederholung der Prüfung

Wenn Sie die Prüfung nicht bestanden haben (0–127 Punkte), dann können Sie die Prüfung beliebig oft wiederholen.
Wenn Sie nur den schriftlichen oder den mündlichen Teil bestanden haben, brauchen Sie nur den Teil, den Sie nicht bestanden haben, zu wiederholen. Das ist aber nur bis zum Ende des folgenden Jahres möglich. Danach muss die ganze Prüfung noch einmal ablegt werden.

Zertifikat

Die Auswertung Ihrer Prüfung dauert ungefähr 4 Wochen. Das Zertifikat erhalten Sie danach im Prüfungszentrum. Wenn Sie das Zertifikat schneller benötigen, können Sie gegen eine Gebühr eine schnellere Auswertung Ihrer Prüfung beantragen. Weitere Informationen dazu erhalten Sie in Ihrem telc-Prüfungszentrum.

Wie Sie Ideen sammeln

Um Ihren Text zu schreiben, brauchen Sie Ideen. Nehmen Sie sich vor dem Schreiben Zeit, um Ihre Ideen zum Thema stichwortartig zu sammeln und so Ihren Text zu planen. Es gibt zahlreiche assoziative Verfahren und Methoden, die die Ideenfindung erleichtern. Viele davon eignen sich jedoch im Kontext der Prüfung nicht so gut, weil Ihnen nur eine begrenzte Zeit zur Verfügung steht und Sie für die Planung Ihres Textes nicht mehr als 10 bis 15 Minuten verwenden sollten. Im Folgenden werden vier einfache Verfahren gezeigt, die Sie im Rahmen der Prüfung gut einsetzen können. Insgesamt gilt: Um passende Ideen zu finden, ist es wichtig, die Aufgabe gut zu analysieren und das Thema genau und sicher zu erfassen.

Stichwortliste

Bei einer Stichwortliste handelt es sich um das einfachste Verfahren der assoziativen Ideenfindung. Schreiben Sie stichwortartig und ungeordnet alles auf, was Ihnen spontan zum Thema einfällt.

Beispiel zu Thema 2, Seite 35:

Tabubrüche in der Werbung
- Werbung als Kunst?
- Ziel von Werbung: Gewinn steigern
- hoher Wettbewerbsdruck
- provozierende Werbung: mehr Aufmerksamkeit
- berühmte Beispiele?
- Konsument entscheidet
- Möglichkeit, Gefühle von Personengruppen zu verletzen
- sexistische Werbung
- Tabuthemen: Krankheit, Tod ...
- ...

Assoziogramm

In einem Assoziogramm (auch Cluster oder Wortigel) können Sie ebenfalls notieren, was Ihnen zum Thema spontan einfällt. Dazu schreiben Sie das Thema in die Mitte Ihres Notizpapiers und kreisen es ein. Stichwortartig und ungeordnet notieren Sie alles, was Ihnen in den Sinn kommt, um das Wort in der Mitte herum.

Beispiel zu Thema 1, Seite 35:

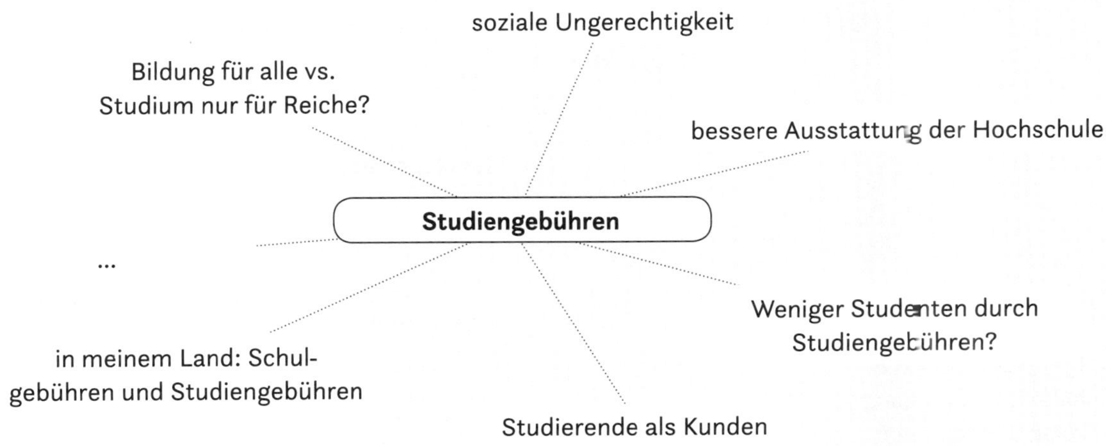

Tabelle

Gerade bei der Schreibaufgabe der Prüfung telc C1 Hochschule bietet es sich an, Ihre Ideen in Form einer Tabelle aufzuschreiben. Denn Sie sollen sich ja kritisch mit dem Thema auseinandersetzen, indem Sie Pro- und Kontra-Argumente, Vor- und Nachteile, positive und negative Konsequenzen etc. argumentativ und abwägend einander gegenüberstellen. Mit Hilfe einer Tabelle, in der Sie Ihre Ideen stichwortartig notieren, können Sie bereits eine passende Sortierung vornehmen.

Beispiel zu Thema 1, Seite 58:

Auslandsstudium

Pro	*Kontra*
für mich: Studium in Deutschland mit gutem Ruf	Doppelbelastung Studium und Fremdsprache
Horizonterweiterung und interkulturelle Erfahrung	interkulturelle Kontakte auch daheim möglich
Verbesserung der Fremdsprachenkenntnisse	hohe Kosten
bessere Studienbedingungen	weit weg von Familie, Heimweh
neuer Blick auf das eigene Studienfach	…
Verbesserung der Karrierechancen	
…	

Mindmap

Auch mit einer Mindmap, einem sogenannten Ideennetz, lassen sich bereits bei der Sammlung die Ideen ordnen und strukturieren. Eine Mindmap ähnelt dem Assoziogramm. Auch hier schreiben Sie das Thema in die Mitte Ihres Notizblattes. Vom Thema gehen Hauptäste ab, an die Sie stichwortartig Ihre übergeordneten Ideen schreiben. Diese Äste teilen sich dann in Unteräste bzw. Zweige für untergeordnete Ideen wie Belege und Beispiele auf.

Beispiel zu Thema 2, Seite 58:

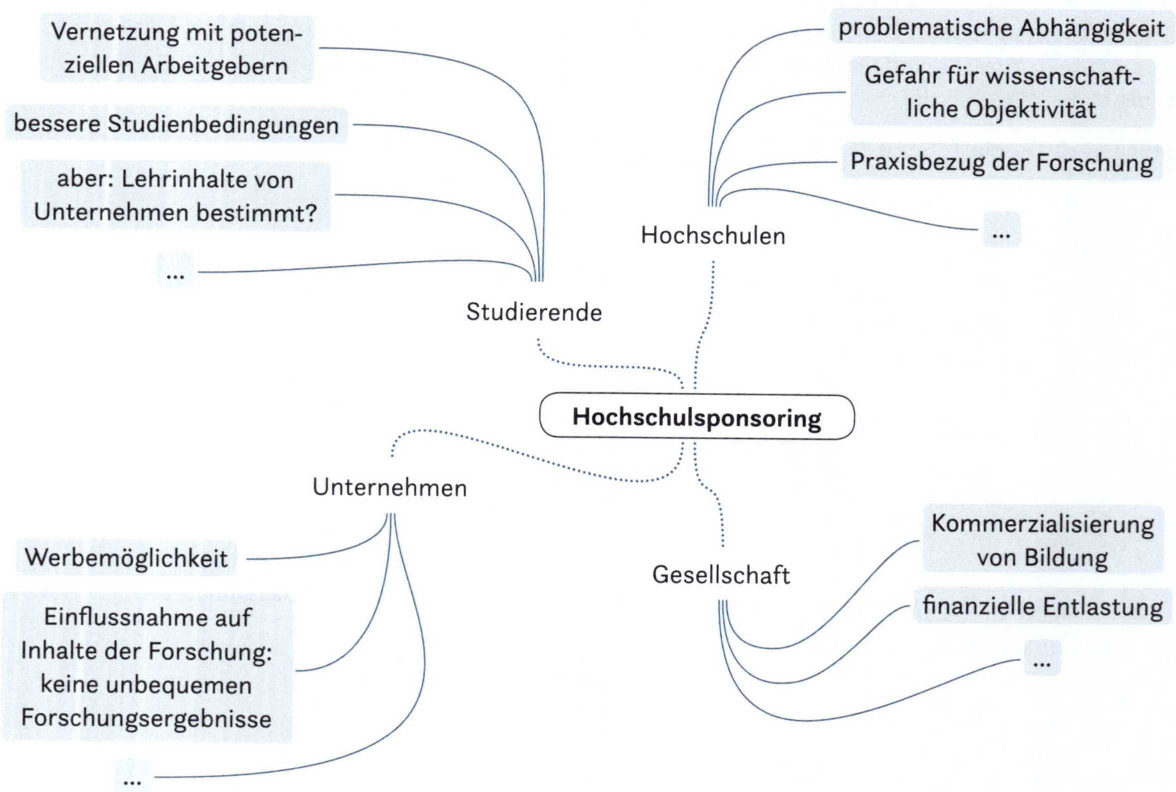

Wie Sie den Text gliedern

Nachdem Sie Ihre Ideen notiert haben, sollten Sie auf Ihrem Notizpapier einen kurzen Schreibplan festlegen. Dieser soll in die erforderlichen Textteile Einleitung, Hauptteil und Schluss gegliedert sein. Ein Schreibplan unterstützt Sie dabei, Ihren Text zu strukturieren, logisch aufzubauen und während des Schreibens nicht den Überblick zu verlieren. Ordnen Sie dazu die gesammelten Ideen nach ihrer unterschiedlichen Bedeutung und überlegen Sie, welche Stichpunkte inhaltlich zusammenpassen, welche davon sich als Oberpunkte eignen und welche Beispiele darstellen. Streichen Sie aber auch Ideen, die nicht exakt zum Thema passen, und überlegen Sie, welche Aspekte sich für die Einleitung und den Schluss Ihres Textes eignen.

Die folgende Übersicht zeigt Ihnen verschiedene Möglichkeiten für Einleitung, Hauptteil und Schluss, die Ihnen dabei helfen können, Ihre gesammelten Ideen zu ordnen und in einem Schreibplan zu strukturieren:

Einleitung	das Thema vorstellen und konkretisieren das Thema in einen Kontext stellen die Relevanz des Themas zeigen aktuelle Beispiele für das Thema nennen den eigenen Bezug zum Thema beschreiben wichtige Begriffe erklären eine zentrale Fragestellung für den Text formulieren
Hauptteil	Situationen beschreiben und analysieren verschiedene Ansichten und Blickwinkel schildern Thesen formulieren Argumente strukturiert darlegen, begründen und mit Beispielen stützen Gegenpositionen aufzeigen und entkräften Ansichten gegeneinander abwägen Schlussfolgerungen ziehen
Schluss	ein Fazit ziehen die Ergebnisse der Argumentation zusammenfassen die eigene Position darlegen und begründen einen Ausblick geben einen Lösungsvorschlag machen

Wichtig ist, dass Ihr Text einem **roten Faden** folgt. Mit dem bildhaften Ausdruck „roter Faden“ wird der inhaltliche Zusammenhang und die innere Logik eines Textes bezeichnet. Er verbindet die einzelnen Elemente eines Textes sinnvoll zu einem großen Ganzen und verhindert, dass die verschiedenen Teile einfach nur zusammenhanglos aneinandergereiht werden. Nur wenn ein roter Faden vorhanden ist, ist der Text aus Lesersicht flüssig geschrieben und nachvollziehbar zu lesen. Denn der rote Faden gibt den Leserinnen und Lesern Orientierung und leitet sie wie ein Wegweiser durch den Text.

Sie können den roten Faden in Ihrem Text wirksam werden lassen, indem Sie beispielsweise
- in der Einleitung eine zentrale Fragestellung bzw. These zum Thema formulieren.
- in Ihrem Text immer beim Thema bleiben und Ihre Fragestellung immer im Blick behalten.
- Ihren Text deutlich in Einleitung, Hauptteil und Schluss unterteilen.
- Ihren Text logisch aufbauen und schlüssig argumentieren (siehe dazu Seite 73).
- Ihren Text durch Sinnabschnitte und Absätze auch optisch übersichtlich gliedern.
- nur eine inhaltliche Idee pro Absatz behandeln.
- die einzelnen Teile Ihres Textes durch Überleitungen miteinander verbinden.
- sprachliche „Klebemittel“ verwenden, um einzelne Elemente Ihres Textes miteinander zu verknüpfen (siehe dazu Seite 78–81).

Wie Sie argumentieren

Für den argumentativen Text, der von Ihnen in der Prüfung verlangt wird, brauchen Sie Argumente. Ein Argument ist Teil einer Argumentation, das idealerweise aus drei Teilen besteht:

	Erklärung	*Beispiel zu Thema 1, Seite 35*
These	Stellen Sie kurz, am besten in einem Satz, eine These bzw. eine Behauptung auf.	Studiengebühren erhöhen die Studienqualität an den Hochschulen.
Begründung	Erklären Sie, warum man die These vertreten kann. Ihre Begründung ist das eigentliche Argument. Es kann auch mehrere Sätze umfassen. Außerdem kann eine These auch mit mehreren Argumenten begründet werden.	Die Hochschulen können ihre Infrastruktur und damit die Lernbedingungen verbessern, wenn sie mehr Geld zur Verfügung haben.
Beispiel(e)	Veranschaulichen Sie die Begründung mit mindestens einem konkreten Beispiel. Dadurch wird Ihre Argumentation überzeugender.	Die Seminarräume können mit moderner Technik wie Computer und Smartboards ausgestattet werden.

Für eine Argumentation reicht ein Argument nicht aus. Sie brauchen verschiedene Argumente, die Sie in eine sinnvolle Reihenfolge bringen und zu einer Argumentationskette verbinden müssen. In dieser Argumentationskette sollen Sie gegensätzliche Positionen einander gegenüberstellen. Dabei können Sie zunächst alle Pro-Argumente und anschließend alle Kontra-Argumente (oder umgekehrt) erläutern. Oder Sie ordnen Ihre Argumente so, dass Sie jeweils ein Pro- und ein Kontra-Argument in direktem Wechsel einander gegenüberstellen und damit zu jeder These gleich die passende Gegenthese erörtern. Unabhängig davon, welchen Textaufbau Sie wählen: Wichtig ist, dass Ihr Text logisch aufgebaut und übersichtlich strukturiert ist.

Wie Sie den Text sprachlich gestalten

Denken Sie daran, dass es sich bei der Prüfung um eine Sprachprüfung handelt. Natürlich ist wichtig, **was** Sie schreiben. Den größten Teil der Punkte erhalten Sie im Prüfungsteil *Schriftlicher Ausdruck* dafür, **wie** Sie schreiben (siehe die Informationen zur Bewertung des Prüfungsteils *Schriftlicher Ausdruck* auf Seite 33). Sie sollen zeigen, dass Sie Wortschatz überzeugend und variantenreich einsetzen. Außerdem geht es darum, dass Sie grammatikalisch und orthografisch möglichst korrekt schreiben und dabei auch komplexe Strukturen anwenden können. Unter solchen komplexen Strukturen versteht man beispielsweise komplexe Satzgefüge (mit passenden Konnektoren, siehe Seite 79), Nominalisierungen (statt Nebensätze), Nomen-Verb-Verbindungen wie z. B. *Anwendung finden* (statt anwenden) und *einen Vergleich anstellen* (statt vergleichen) oder auch bestimmte Präpositionen wie z. B. *angesichts*, *mittels* oder *mangels*, die typisch für die Schriftsprache sind. Wichtig ist, dass Sie sowohl beim verwendeten Wortschatz als auch bei den eingesetzten Strukturen variieren und möglichst abwechslungsreich schreiben.

Ganz besonders geachtet wird bei der Bewertung jedoch darauf, ob Sie die einzelnen Teile Ihres Textes, Ihre Argumentation und Ihre Sätze sinnvoll und logisch miteinander verknüpfen. Verwenden Sie dazu sprachliche Mittel der Verknüpfung wie Konnektoren und geeignete Redemittel. Beispiele dafür finden Sie auf den folgenden Seiten.

Konnektoren (Auswahl)

Konnektoren sind Wörter und Ausdrücke, die Teile eines Textes miteinander verbinden. Mit Konnektoren lassen sich logische Zusammenhänge zwischen Sätzen oder Teilsätzen ausdrücken. Sie helfen beispielsweise beim angemessenen Formulieren von Gründen (kausale Konnektoren), von Folgen (konsekutive Konnektoren), von Gegensätzen (adversative Konnektoren), von Bedingungen (konditionale Konnektoren), von Widersprüchen (konzessive Konnektoren), von Mitteln bzw. Instrumenten (modale Konnektoren), von Ziel und Zweck einer Handlung (finale Konnektoren) und von Informationen zur Zeit (temporale Konnektoren). Diese Zusammenhänge kann man auch mit Präpositionen ausdrücken.

Die jeweiligen Konnektoren bestimmen die Position des Verbs. Es gibt drei Möglichkeiten.

1. Der Konnektor steht auf der Position 0 und ändert die Wortstellung nicht. Man nennt sie „Konjunktor“: „Denn“ nennt man „Konjunktor“, denn „denn“ ändert die Wortstellung nicht.
2. Der Konnektor steht am Satzanfang, das Verb steht am Ende (= Nebensatz). Man nennt sie „Subjunktor“: „Weil“ nennt man „Subjunktor“, weil das Verb am Ende steht.
3. Der Konnektor steht wie ein Adverb innerhalb eines Satzes, an der ersten Stelle oder weiter hinten im Satz. Man nennt sie „Konjunktionaladverb“ oder einfach „Adverb“: „Deshalb“ kann an verschiedenen Stellen im Satz stehen. *Deshalb* nennt man „deshalb“ „Adverb“. / Man nennt „deshalb“ *deshalb* „Adverb“.

	Grund (kausal)	**Folge (konsekutiv)**	**Gegensatz (adversativ)**
Konjunktor	denn		aber; doch
Subjunktor	da; weil	sodass; so ..., dass	während; anstatt dass / anstatt ... zu**; wohingegen
Adverb	daher; deshalb; darum; deswegen; nämlich*	folglich; infolgedessen	jedoch; dagegen; demgegenüber; stattdessen
Wendung	aus diesem Grund		
Präposition	wegen; aufgrund; mangels, angesichts; dank; aus Gründen	infolge	im Gegensatz zu; im Unterschied zu; im Vergleich zu

	Bedingung (konditional)	**Einschränkung (konzessiv)**	**Ziel und Zweck (final)**
Konjunktor	vorausgesetzt	zwar ... aber / doch	
Subjunktor	wenn; falls; sofern	obwohl, obgleich, obschon, wenn auch, auch wenn, selbst wenn	damit; um ...zu**
Adverb	andernfalls; sonst	trotzdem; dennoch; allerdings; indessen	dazu; dafür
Wendung	im Falle / für den Fall / unter der Bedingung / angenommen, dass; je nachdem, ob / wie; vorausgesetzt, dass; es sei denn, dass	ungeachtet der Tatsache, dass	mit dem Ziel; zu diesem Zweck
Präposition	bei; ohne; im Falle / im Falle von	trotz; ungeachtet; auch bei / selbst bei	für; zwecks; zu

	Mittel (modal)	**Zeit, gleichzeitig (temporal)**	**Zeit, nicht gleichzeitig (temporal)**
Konjunktor			
Subjunktor	dadurch, dass; indem; ohne dass / ohne zu**	als; bis; (immer) wenn; seit / seitdem; seither; solange; sooft; während	bevor; ehe; nachdem; sobald
Adverb	dadurch; damit	währenddessen	davor / vorher; danach; anschließend
Wendung	mithilfe		
Präposition	durch; mit; mittels	bis / bis zu; seit; während; von ... an	nach / gleich nach; vor

* nur im Mittelfeld
** Verb im Infinitiv

Nützliche Ausdrücke: Redemittel (Auswahl)

Um Textteile und Inhalte miteinander zu verbinden und aufeinander zu beziehen, können passende Redemittel sinnvoll sein. Setzen Sie Redemittel jedoch immer gezielt und nur dosiert ein. Eine bloße Aneinanderreihung solcher Redemittel wird bei der Bewertung Ihres Textes negativ beurteilt.

aufzählen und gliedern

Als Erstes/Zu Beginn/Zunächst/Zuerst ...
In einem ersten Schritt ...
Erstens/Zweitens/Drittens ...
Bevor ich auf ... eingehe, ...
Als Nächstes ...
Außerdem/Zudem ...
Danach/Dann ...
Darüber hinaus ...
Dazu kommt (noch), dass ...
Der folgende Abschnitt beschreibt ...
Des Weiteren ...
Ein weiterer Aspekt/Einwand ist ...
Ein weiteres Argument für/gegen ... ist ...
Es folgt ...
Im Anschluss ...
Im zweiten/dritten/.../letzten Schritt
Den Abschluss bildet ...
Schließlich ...
Abschließend ...
Zuletzt/Zum Schluss ...

Bezug nehmen

Untersuchungen zufolge ...
Untersuchungen haben gezeigt, dass ...
Laut der neuesten Untersuchungen ...
Fest steht inzwischen, dass ...
Nach Aussagen von ...
Wie man herausgefunden hat, ...

Beispiele anführen

Als Beispiel kann ... dienen.
Folgendes Beispiel lässt sich dazu anführen: ...
An folgendem Beispiel kann man besonders gut sehen, dass/wie ...
Das folgende Beispiel kann dies belegen/konkretisieren/verdeutlichen: ...
Das lässt sich anhand des folgenden Beispiels erläutern/darstellen: ...
Das sieht man an folgendem Beispiel: ...
Dazu möchte ich folgende Beispiele anführen: ...
Die These lässt sich anhand von folgendem Beispiel belegen: ...
Dies möchte ich durch folgendes Beispiel verdeutlichen/illustrieren/veranschaulichen.
Dieses Beispiel zeigt, dass ...
Ein (gutes/anschauliches) Beispiel dafür ist ...
Ein Beispiel, das man hier unbedingt anführen sollte, ist ...
Ein Musterbeispiel hierfür ist ...
Ein treffendes Beispiel dafür ist die Tatsache, dass ...
... ist dafür beispielhaft.
... ist ein repräsentatives/typisches Beispiel für ...
... kann man beispielsweise an ... sehen.
Man sieht das deutlich an folgendem Beispiel: ...

definieren

... bedeutet, dass ...
Der Begriff ... wird hier folgendermaßen verstanden/gebraucht: ...
Der Begriff ... wird hier verstanden als ...
Unter ... versteht man ...
Wenn man von ... spricht, meint man ...
... wird definiert als ...

Argumente anführen

Befürworter von ... betonen/weisen darauf hin, dass ...
Kritiker meinen/sind überzeugt ...
Gegner von ... vertreten die Ansicht/Meinung, dass ...
Als Gegenargument lässt sich hier anführen, dass ...
Außerdem/Weiterhin ist wichtig, dass ...
Dafür/Dagegen gibt es viele Argumente: ...
Dafür/Dagegen lässt sich anführen, dass ...
Dagegen kann man einwenden, dass ...
Darüber hinaus muss man bedenken, dass ...
Das Hauptargument für die Befürwortung/Ablehnung von ... ist ...
Das überzeugendste Argument ist ...
Dabei geht es nicht nur um ..., sondern auch darum, dass ...
Dem ist entgegenzuhalten, dass ...
Der wichtigste Einwand bezieht sich auf ...
Die folgenden Argumente sprechen (eindeutig) für/gegen ...
Ein wichtiges Argument für/gegen ... ist die Tatsache, dass ...
Eines der wichtigsten Argumente, das gegen ... angeführt werden kann, ist ...
Gegner lehnen das (entschieden) mit dem Argument ab, dass ...
Interessant ist noch der Einwand, dass ...
Kritiker führen dagegen ins Feld, dass ...
Man darf auch nicht vergessen, dass ...
Man muss (aber) auch berücksichtigen, dass ...
Man muss sowohl ... als auch ... berücksichtigen.
Man sollte auch in Betracht ziehen ...
Nicht zu vergessen ist ...
Kritiker von ... führen (als Argument) an, dass ...

Argumente abwägen

Auf der einen Seite ..., auf der anderen Seite ...
Einerseits ..., andererseits ...
Wenn auch ..., so ist doch ....
Zum einen ..., zum anderen ...
Zwar ..., aber ...

Gründe und Ursachen formulieren

... beruht darauf, dass ...
Dafür kann man folgende Begründung geben: ...
Dafür könnte es folgende Gründe geben: ...
Dafür lassen sich folgende Gründe nennen: ...
Das kommt davon, dass ...
Das liegt daran, dass ...

Das rührt daher, dass ...
Dazu möchte ich folgende Gründe anführen: ...
Der Grund/Die Ursache ist ...
Ein Grund dafür könnte sein, dass ...
Eine mögliche Ursache könnte die Tatsache sein, dass ...
... erklärt sich daraus, dass ...
Für ... sind folgende Faktoren verantwortlich: ...
... geht zurück auf ...
... hängt mit ... zusammen.
... hat folgenden Grund/folgende Gründe: ...
... ist (wohl/wahrscheinlich/vielleicht/...) auf ... zurückzuführen.
... ist eine Ursache von ...
... ist ein häufiger Grund für ...
... kommt daher, dass ...
... lässt sich auf ... zurückführen.
... liegt (möglicherweise/wahrscheinlich/...) daran, dass ...
... steht im Zusammenhang mit ...
... wird verursacht/hervorgerufen durch ...

Folgen benennen

Als Konsequenz ergibt sich daraus, dass ...
Aus ... kann man schließen, dass ...
... bewirkt, dass ...
... bringt es mit sich, dass ...
Daraus ergeben sich folgende Konsequenzen: ...
Daraus ergibt sich ...
Daraus lässt sich ableiten/folgern, dass ...
... führt zu ...
... hat positive/negative Auswirkungen auf ...
... hat zur Folge, dass ...
... ist eine logische Folge.
... verursacht, dass ...

Wichtigkeit ausdrücken

(Besonders) auffallend ist ...
An erster Stelle steht ...
Ausschlaggebend ist ...
Besonders wichtig/bemerkenswert erscheint ...
Besonders wichtig erscheint mir, dass ...
Ein wichtiger Punkt ist ...
Entscheidend für ... ist ...
Gerade bei ... ist wichtig, dass ...
Hierbei muss man besonders betonen/hervorheben, dass ...
Man darf auch nicht übersehen, dass ...
Von besonderer Bedeutung ist ...

Vorteile/Nachteile benennen

Ein (großer) Vorteil/Nachteil von ... ist, dass ...
Ein Vorteil/Nachteil von ... besteht darin, dass ...
Für ... ist es ein Vorteil/Nachteil, wenn ...
Gegenüber ... hat ... den Vorteil/Nachteil, dass ...
... hat den Vorteil/Nachteil, dass ...
Ich sehe einen Vorteil/Nachteil darin, dass ...
... ist ein entscheidender Vorteil/Nachteil.
... ist natürlich vorteilhaft/nachteilhaft.
Vorteilhaft/Nachteilhaft wirkt sich ... aus.

Vermutungen ausdrücken

Aller Wahrscheinlichkeit nach ...
... deutet darauf hin, dass ...
Die bisherige Entwicklung lässt vermuten, dass ...
Es besteht die Möglichkeit, dass ...
Es ist (sehr) wahrscheinlich, dass ...
Es ist anzunehmen, dass ...
Es ist möglich/denkbar/vorstellbar/nicht ausgeschlossen, dass ...
Es scheint so, als ob ...
Es sieht so aus, als ob ...
Ich gehe davon aus, dass ...
Ich könnte mir vorstellen, dass ...
... lässt darauf schließen, dass ...
... lässt vermuten, dass ...

Meinung und Überzeugung ausdrücken

Dazu bin ich geteilter Meinung: Einerseits ..., andererseits ....
Die Ansicht, dass ..., kann ich nicht/nur teilweise teilen.
Es ist doch eine Tatsache, dass ...
Es ist fraglich, ob ...
Es ist mit Sicherheit so, dass ...
Es ist unwahrscheinlich, dass ...
Für mich steht fest, dass ...
... halte ich (nicht/nur teilweise) für ...
... hat für mich zu viele Nachteile, deshalb ...
Ich bezweifle, dass ...
Ich bin (davon) überzeugt, dass ...
Ich bin der festen Überzeugung/sicher, dass ...
Ich halte diese Idee für ..., weil ...
Ich stehe auf dem Standpunkt, dass ...
Ich teile diese Auffassung (nicht), weil ...
Ich vertrete (auch) die Ansicht/die Position, dass ...
In meinen Augen überwiegen hier die Vorteile/Nachteile, deshalb ...
Insgesamt wiegen die Argumente dafür/dagegen schwerer, deshalb ...
Meine Auffassung/Einstellung (dazu) ist folgende: ...
Meines Erachtens ...
Nach meinem Dafürhalten ...
... überzeugt mich nicht/nicht ganz.
Es bleibt abzuwarten, ob ...

Fazit ziehen

Abschließend lässt sich sagen, ...
Abschließend möchte ich betonen/festhalten, dass ...
Angesichts ... liegt die Schlussfolgerung nahe, dass ...
Auch wenn vieles dafür/dagegen spricht, halte ich (persönlich) ...
Aus all dem kann man den Schluss ziehen, dass ...
Betrachtet man alle Argumente, muss man zum Schluss kommen, dass ...
Daraus ergibt sich die Schlussfolgerung ...
Die wichtigsten Punkte möchte ich noch einmal hervorheben: ...
Insgesamt kann man feststellen, dass ...
Insgesamt zeigt sich ...
... lässt die Schlussfolgerung zu, dass ...
Meine persönliche Schlussfolgerung ist ...
Mich überzeugen am stärksten folgende Argumente: ...
Wägt man nun das Für und Wider ab, so muss man zu dem Ergebnis kommen, dass ...
Zusammenfassend könnte man sagen, dass ...
Zum Schluss möchte ich ...

Teil 1 A und B

Präsentation

Auch wenn Sie in den Aufgaben bzw. Themen dieses Prüfungsteils oft direkt nach Ihrer Meinung und nach eigenen Erfahrungen gefragt werden (z. B. „Sind Sie der Meinung, dass ...?", „Wie ist Ihre Meinung zu ...?", „Legen Sie Ihre Haltung zu ... dar.", „Berichten Sie auch von eigenen Erfahrungen."), wird dennoch – genauso wie bei der Teilprüfung *Schriftlicher Ausdruck* – von Ihnen erwartet, dass Sie das gestellte Thema aus unterschiedlichen Perspektiven betrachten. Orientieren Sie sich deshalb bei der Vorbereitung Ihrer Präsentation bezüglich Ideenfindung, Gliederung und Argumentation auch an den Strategien zum Prüfungsteil *Schriftlicher Ausdruck* ab Seite 75.

Die Präsentation soll – wie auch der Text für den Prüfungsteil *Schriftlicher Ausdruck* – aus Einleitung, Hauptteil und Schluss bestehen. In der Einleitung führen Sie kurz zum Thema hin. Im Hauptteil setzen Sie sich mit dem Thema auseinander, indem Sie Pro- und Kontra-Argumente, Vor- und Nachteile, positive oder negative Folgen etc. diskutieren. Ihre eigene Meinung sollte sich logisch aus Ihrer Argumentation ergeben. Ihre persönlichen Erfahrungen mit dem Thema können Sie in die Einleitung oder in den Schluss Ihrer Präsentation einfließen lassen. Im Schluss fassen Sie Ihre Argumentation zusammen.

Besonders wichtig ist eine klar erkennbare und deutliche Gliederung Ihrer Präsentation. Gerade bei einer Präsentation, die ja mündlich vorgetragen wird, ist es von zentraler Bedeutung, dass sich die Zuhörerinnen und Zuhörer orientieren und dem Sprecher mit Verständnis folgen können. Sie können Ihren Zuhörerinnen und Zuhörern dabei helfen, indem Sie

– in der Einleitung kurz den Aufbau Ihrer Präsentation erklären und Ihren Zuhörerinnen und Zuhörern dadurch einen Überblick geben, welche Inhalte sie erwarten können.
– die einzelnen Teile Ihrer Präsentation durch Überleitungen deutlich miteinander verbinden und mit passenden Redemitteln klar signalisieren, wenn Sie mit einem neuen Aspekt beginnen.
– die logische Struktur Ihrer Argumentation durch passende Konnektoren (siehe Seite 79) sichtbar und nachvollziehbar machen.

Im Folgenden finden Sie eine Auswahl von nützlichen Ausdrücken, die Ihnen helfen, Ihre Präsentation zu **strukturieren**, die Präsentation Ihrer Partnerin / Ihres Partners **zusammenzufassen** und **Anschlussfragen zu stellen** sowie **auf Anschlussfragen zu reagieren**. Setzen Sie solche Redemittel gezielt, aber nur dosiert ein. Eine bloße Aneinanderreihung von Redemitteln wirkt schnell unnatürlich und wird bei der Bewertung Ihrer Leistung bei der Präsentation negativ beurteilt.

Nützliche Ausdrücke: Präsentation (Auswahl)

eine Präsentation einleiten
Das Thema meiner Präsentation lautet ...
In den nächsten Minuten werde ich Ihnen ... vorstellen.
Im Zentrum meiner Präsentation steht die Frage ...
In meiner Präsentation widme ich mich der Frage ...
In meiner Präsentation geht es um ...
In meiner Präsentation werde ich über ... sprechen.
Meine Präsentation befasst sich mit dem Thema/der Frage ...
Thema meiner Präsentation ist ...

den Aufbau einer Präsentation beschreiben
Ich habe die Präsentation folgendermaßen aufgebaut: ...
Ich habe mir die Präsentation wie folgt vorgestellt: ...
Meine Präsentation besteht aus drei Teilen: ...
Meine Präsentation gliedert sich in drei Teile: ...
Im ersten Teil möchte ich über ... sprechen.
In einem ersten Schritt spreche ich über ...
Zuerst/Zunächst spreche ich über ...
Zunächst möchte ich auf ... eingehen.
Danach/Dann komme ich im zweiten Teil zu ...
Im zweiten Teil geht es dann um ...
Im dritten Teil werde ich mich ... zuwenden.
Ein weiterer Punkt wird ... sein.
Abschließend werde ich meine persönliche Meinung zu ... darlegen.
Zuletzt befasse ich mich mit ...
Zum Schluss möchte/werde ich noch auf ... eingehen.

eine Präsentation gliedern
Als Erstes möchte ich auf ... eingehen.
Zum ersten Punkt: ...
Soweit der erste Teil. Ich komme jetzt zu ...
Als Nächstes komme ich zu ...
Damit komme ich zur Frage, ob/warum ...
Das bringt/führt mich/uns zum nächsten Punkt: ...
Ein weiterer Aspekt/Punkt ist auch die Frage, ob ...
Ich komme nun/jetzt zum ersten/zweiten/nächsten/letzten Punkt: ...
Ich möchte als Nächstes über ... sprechen.

Jetzt möchte ich noch auf ... eingehen.
Kommen wir nun zum nächsten Punkt: ...
Mein nächster Punkt betrifft ...
Nun werden wir uns der Frage zuwenden, ob/was ...

eine Präsentation abschließen

Abschließend möchte ich noch einmal hervorheben/betonen/erwähnen, dass ...
Damit komme ich zum letzten Aspekt: ...
Fazit des gerade Gesagten ist ...
Ich fasse zusammen: ...
Ich komme jetzt zum Schluss: ...
Lassen Sie mich das Wichtigste nochmals kurz zusammenfassen: ...
Zusammenfassend lässt sich festhalten, dass ...
Zusammenfassend möchte ich sagen, ...
Lassen Sie mich zum Schluss noch sagen, dass ...
Gibt es noch Fragen?
Wenn Sie noch etwas fragen möchten, ...
Für Fragen stehe ich gerne zur Verfügung.
Vielen Dank für Ihre Aufmerksamkeit.

eine Präsentation zusammenfassen

Die Präsentation meiner Partnerin/meines Partners beschäftigt sich mit dem Thema/der Frage ...
Ich fasse nun die Präsentation meiner Partnerin/meines Partners zusammen: ...
Meine Partnerin/Mein Partner befasst sich mit dem Thema ...
Besonders interessant/überraschend war für mich ...
Die Hauptaussage lässt sich folgendermaßen zusammenfassen: ...
Die wichtigsten Aussagen/Argumente waren ...
Im Mittelpunkt der Präsentation stand ...
Als Beispiel führt meine Partnerin/mein Partner ... an.
Meine Partnerin/Mein Partner hebt besonders hervor, dass ...
Meine Partnerin/Mein Partner nennt folgende Vorteile/Nachteile: ...
Meine Partnerin/Mein Partner setzt sich zunächst/dann/in einem zweiten Schritt ... mit ... auseinander.
Meine Partnerin/Mein Partner vertritt die Position, dass ...

eine Anschlussfrage stellen

Ein Aspekt ist mir noch nicht ganz klar: ...
Mich würde noch interessieren, warum ...
Über ... würde ich gerne noch mehr wissen.
Was mich noch interessiert, ist ...
Was würdest du zu dem Einwand sagen, dass ...?*
Welche Meinung hast du zu ...?*

auf Anschlussfragen reagieren

Danke für diese Frage, auf die ich gerne antworte/eingehe.
Das ist eine interessante/wichtige Frage, die ich mir auch schon gestellt habe.
Das will ich gerne erklären.
Entschuldige bitte, könntest du bitte den letzten Teil deiner Frage wiederholen?*
Meinst du damit, ob/dass ...?*
Tut mir leid, leider weiß ich nicht, ...
Wenn ich darüber nachdenke, dann ...

Teil 2
Diskussion

In diesem Prüfungsteil sollen Sie und Ihr Prüfungspartner / Ihre Prüfungspartnerin nicht einfach Ihre jeweilige Meinung nacheinander präsentieren. Vielmehr geht es darum, miteinander ins Gespräch zu kommen und gemeinsam zu diskutieren. Sie sollen mit Ihrer Prüfungspartnerin / Ihrem Prüfungspartner Argumente austauschen, diese sachlich begründen und mit Beispielen und persönlichen Erfahrungen veranschaulichen.

Wie in jeder Diskussion gilt auch hier, dass Sie **Meinungen zustimmen** oder **widersprechen** können. Dies betrifft sowohl das vorgegebene Zitat als auch die Argumente Ihrer Prüfungspartnerin / Ihres Prüfungspartners. Sie können sich aber auch von Ihrer Prüfungspartnerin / Ihrem Prüfungspartner **überzeugen** lassen und Ihre ursprüngliche **Meinung korrigieren** bzw. **revidieren**. Veranschaulichen Sie Ihre Argumentation, indem Sie **Beispiele** nennen oder über **persönliche Erfahrungen** berichten. **Steuern** Sie das Gespräch beispielsweise durch Nachfragen, wenn etwas unklar geblieben ist oder Sie nicht ganz sicher sind, ob Sie etwas richtig verstanden haben.

Im Folgenden finden Sie eine Auswahl von nützlichen Ausdrücken für die oben genannten sprachlichen Handlungen. Sie helfen Ihnen, strukturiert und angemessen zu diskutieren. Setzen Sie solche Redemittel gezielt, aber nur dosiert ein. Eine bloße Aneinanderreihung von Redemitteln wirkt schnell unnatürlich und wird bei der Bewertung Ihrer Leistung bei der Diskussion negativ beurteilt.

---

* Die Redemittel werden in der Du-Form angegeben. Dies entspricht der Tatsache, dass sich an deutschsprachigen Hochschulen Studierende untereinander duzen, also sich mit Du ansprechen. Wenn Sie Ihre Prüfungspartnerin/Ihren Prüfungspartner nicht kennen und sich unsicher sind, ob Sie sie/ihn duzen dürfen, dann sollten Sie besser siezen, also die Sie-Form wählen. Auch im Gespräch mit den Prüferinnen/Prüfern müssen Sie die Sie-Form wählen, außer es wurde vorher etwas anderes vereinbart.

ANHANG STRATEGIEN SPRECHEN

Nützliche Ausdrücke: Diskussion (Auswahl)

Zustimmung ausdrücken

Auch ich vertrete die Position, dass ...
Da hast du völlig recht.*
Da kann ich dir nur recht geben, denn ...*
Damit / Mit dieser Aussage bin ich (völlig) einverstanden.
Damit hast du sicher recht.*
Das entspricht auch meiner Erfahrung.
Das ist auch meine Meinung, weil ...
Das kann ich nur bestätigen.
Das leuchtet mir ein.
Das sehe ich auch so.
Deine Argumente finde ich einleuchtend.*
Dem kann ich mich nur anschließen.
Dem kann ich nur zustimmen.
Der Meinung/Ansicht bin ich auch.
Ich bin der gleichen Meinung wie du.*
Ich bin ganz deiner Meinung.*
Ich stimme dir (völlig) zu.*
Ich vertrete (auch) die Ansicht/die Position, dass ...

Widerspruch ausdrücken

Da habe ich Bedenken, weil ...
Da möchte ich widersprechen, weil ...
Da muss ich wirklich widersprechen, denn ...
Das finde ich nicht so gut, denn ...
Das finde ich nun gar nicht, weil ...
Das ist sicher richtig, allerdings ...
Das kann ich mir überhaupt nicht vorstellen, weil ...
Das sehe ich (etwas/ganz/völlig) anders, denn ...
Das stimmt zwar zum Teil, aber ...
Das überzeugt mich nicht/nicht ganz, weil ...
Dazu habe ich eine andere Meinung.
Der Meinung bin ich auch, aber ...
Dieser Meinung kann ich nicht/nur teilweise zustimmen, weil ...
Es ist (ganz) sicher nicht so, dass ...
Ich bezweifle, dass ...
Ich bin mir nicht sicher, ob man wirklich sagen kann, dass ...
Ich bin nicht sicher, ob ...
Ich habe da andere Erfahrungen gemacht: ...
Ich habe da so meine Zweifel, denn ...
Ich kann mir nicht vorstellen, dass ...
Ich sehe das völlig anders.
In diesem Punkt bin ich völlig anderer Meinung, denn ...
In diesem Punkt habe ich eine (ganz) andere Meinung.
Man sollte aber bedenken, dass ...
Mir ist noch unklar, ob ...
... stimmt meiner Meinung nach nicht.
Zu dem Thema bin ich (ganz) anderer Meinung.

über Erfahrungen berichten

Etwas Ähnliches habe ich auch einmal erlebt: ...
Damit habe ich selbst keine Erfahrungen gemacht, aber ich kann mir vorstellen, dass ...
Ich habe ähnliche Erfahrungen gemacht.
Ich habe die Erfahrung gemacht, dass ...
Ich habe festgestellt, dass ...
Ich habe gute/schlechte Erfahrungen mit ... gemacht.
Ich habe oft/noch nie erlebt, dass ...
Meine Erfahrungen zeigen mir, dass ...

Beispiele nennen

Das kann man zum Beispiel sagen, wenn ...
Das will ich mit ... verdeutlichen: ...
Dazu fällt mir folgendes Beispiel ein: ...
Ein (gutes/anschauliches) Beispiel dafür ist ...
Ein Beispiel, das man hier (unbedingt) nennen sollte, ist ...
Ich möchte folgendes Beispiel nennen: ...
Ich muss da an ... denken.
Ich will Ihnen das anhand ... verdeutlichen.
... kann ich am besten an einem Beispiel erläutern: ...
... zeigt sich daran, dass ...

das Gespräch steuern

Aber du musst doch zugeben, dass ...*
Da möchte ich kurz einhaken.
Da möchte ich dann doch meine Meinung etwas relativieren.
Das ist mir nicht ganz klar. Könntest du das noch einmal näher/an einem Beispiel erläutern?*
Dazu möchte ich (noch) etwas ergänzen/sagen: ...
Dazu wüsste ich gerne noch ...
Ergänzend dazu möchte ich sagen, dass ...
Glaubst du nicht, dass ...?*
Ich kann dazu auch noch berichten, dass ...
Ich möchte gern noch einmal auf das zurückkommen, was du gerade gesagt hast.*
Ich möchte noch einmal auf den Punkt/die Frage ... zurückkommen.
Ich möchte noch einmal nachfragen: Was verstehst du unter ...?*
Ich muss vielleicht an einer Stelle korrigieren.
Ich verstehe deinen Einwand, möchte aber gleichzeitig darauf hinweisen, dass ...*
Könntest du bitte noch einmal erklären, ob/wie ...*
Könntest du mir ein Beispiel dafür geben?*
So kann man das natürlich auch sehen.
Wenn ich dich richtig verstanden habe, dann ...*
Vielleicht habe ich mich nicht ganz eindeutig ausgedrückt.

---

* Die Redemittel werden in der Du-Form angegeben. Dies entspricht der Tatsache, dass sich an deutschsprachigen Hochschulen Studierende untereinander duzen, also sich mit Du ansprechen. Wenn Sie Ihre Prüfungspartnerin/Ihren Prüfungspartner nicht kennen und sich unsicher sind, ob Sie sie/ihn duzen dürfen, dann sollten Sie besser siezen, also die Sie-Form wählen. Auch im Gespräch mit den Prüferinnen/Prüfern müssen Sie die Sie-Form wählen, außer es wurde vorher etwas anderes vereinbart.

Prüfungsteil Leseverstehen und Sprachbausteine

Leseverstehen, Teil 1

1 e, 2 f, 3 h, 4 b, 5 d, 6 c
nicht zuzuordnen: a, g

Zu 1 e: In dem Satz, der vor Lücke 1 steht, wird erklärt, dass Stress eine Reaktion auf sogenannte Stressoren darstellt. Es ist also wahrscheinlich, dass in dem fehlenden Satz weiter auf das Thema Stressoren eingegangen wird. „Diese" am Anfang von Antwortoption e bezieht sich auf die Stressoren, der Satz erklärt die mögliche Wirkung von Stressoren: Sie können physische und psychische Symptome hervorrufen. Wichtiger Hinweis: „Diese".

Zu 2 f: Der Satz vor der Lücke thematisiert das menschliche Stressreaktionsprogramm, das sich im Laufe der Evolution entwickelt hat. Im Satz nach der Lücke wird mit „Denn" die Begründung eingeleitet, warum das Programm für Konflikt- und Prüfungssituationen nicht geeignet ist. Der Verweis „diese Situationen" macht es notwendig, dass im fehlenden Satz bestimmte Situationen genannt werden. In Antwortoption f werden Prüfungen und Konflikte als zwei Stresssituationen genannt. Der Satz stellt mit „es" auch einen Bezug zum vorher erläuterten Stressreaktionsprogramm her und markiert mit „Doch" einen Widerspruch zu der vorher getroffenen Aussage. Dieser Widerspruch wird dann im Folgesatz begründet. Wichtige Hinweise: „Doch", „Denn", „diese Situationen" – vergleichen Sie hier auch die Erläuterung zu Antwortoption g.

Zu 3 h: Im gesamten Abschnitt um Lücke 3 geht es um die gesundheitlichen Folgen von Stress. Im Satz vor der Lücke wird darauf hingewiesen, dass der Körper bei dauerhaftem Stress nicht mehr zur Ruhe kommt. Antwortoption h greift das Thema der Folgen von Stress für die körperliche Gesundheit auf. Mit „So" in der Bedeutung von deshalb oder folglich wird eine Verbindung zum vorausgehenden Satz hergestellt: Der Körper kommt bei Stress nicht zur Ruhe. Folglich kann die körperliche Gesundheit beeinträchtigt werden. Wichtige Hinweise: „So", „Körper" – „körperliche Gesundheit".

Zu 4 b: Vor Lücke 4 werden die Folgen von Stress hinsichtlich der körperlichen Gesundheit erläutert. Im Satz nach der Lücke wird mit dem „Burn-out-Syndrom" ein Beispiel für eine mögliche psychische Folge von Stress genannt. In der Lücke fehlt also ein entsprechender Übergang. Antwortoption b weist darauf hin, dass Stress auch psychische Konsequenzen hat. Mit „weiterhin" wird darauf hingewiesen, dass Stress neben den vorher erläuterten körperlichen Folgen weitere gesundheitliche Konsequenzen hat. Wichtiger Hinweis: „weiterhin".

Zu 5 d: Im Satz vor der Lücke wird erklärt, dass sich in den letzten Jahren der Leistungsdruck, unter dem Studierende stehen, verstärkt hat und dass das Studium immer mehr zu einem Stressfaktor geworden ist. Der Satz nach der Lücke nennt mit der steigenden Zahl von Studierenden, die sich psychologisch beraten lassen, einen Beweis für diese Aussage. Das Wort „ebenfalls" zeigt, dass im fehlenden Satz ein erster Beweis genannt werden muss und der Satz nach der Lücke einen zweiten Beweis anführt. Antwortoption d stellt mit „Dies" einen Bezug zu der Aussage des vorausgehenden Satzes her und drückt aus, dass die Aussage durch viele Studien bewiesen („belegen") wird. Wichtige Hinweise: „Dies", „ebenfalls ... ein Beweis".

Zu 6 c: Im Satz vor der Lücke werden Folgen von Stress im Studium aufgezählt. Mit „nicht immer nur" wird deutlich gemacht, dass es auch noch andere, eventuell schwerwiegendere und nicht direkt mit dem Studium zusammenhängende Folgen gibt. Antwortoption c nennt häufige Folgen von Stress im Studium und stellt mit „auch" einen Bezug zum Satz vor der Lücke her. Wichtige Hinweise: „nicht immer nur", „auch".

Zu a: Dieser Satz verweist auf das Stressreaktionsprogramm der Menschen als Grund, warum wir Menschen mit Stresssituationen gut umgehen können, sodass sich Lücke 2 als Lösung anbieten würde. Aber der Satz nach Lücke 2 begründet („Denn"), warum die angesprochenen Stresssituationen nicht mit dem beschriebenen Stressreaktionsprogramm bewältigt werden können. Dieser Widerspruch schließt Antwortoption a als Lösungsmöglichkeit aus.

Zu g: In diesem Satz geht es um die psychischen Probleme von Studierenden, sodass sich zunächst Lücken 5 und 6 anbieten würden. Aber weder 5 noch 6 bieten einen Bezugspunkt für den Ausdruck „aus diesem Grund". Ein passender Grund kann weder vor Lücke 5 noch vor Lücke 6 gefunden werden. Es geht an beiden Stellen nicht um eine Begründung für psychische Probleme als Alltagsphänomen. Vor allem dieser inhaltliche Aspekt schließt Antwortoption g als Lösungsmöglichkeit aus.

Leseverstehen, Teil 2

7 b, 8 d, 9 e, 10 d, 11 a, 12 e
nicht zuzuordnen: c

Zu a: Der Autor übt Kritik an der aktuellen Form des Lateinunterrichts. So schreibt er z. B. über „ein altes Konzept mit veralteten Bildungsidealen und einer altmodischen Didaktik, die aus Vokabeln lernen, Grammatik lernen und Übersetzen besteht". Auch die Fragen, die der Autor stellt, sind ein Mittel, um Kritik auszudrücken. Daher ist Antwortoption 11 passend für diesen Abschnitt.

Zu b: Der Autor gibt die Behauptungen von „Befürwortern von Latein" wieder. Dabei verwendet er durchgängig Mittel zur Distanzierung von diesen Aussagen, z. B. Konjunktiv als Signal der indirekten Rede, das Modalverb „sollen" im subjektiven Gebrauch und andere Ausdrücke, die Zweifel und Distanzierung zeigen, wie „angeblich" und „scheinen". Deshalb ist Antwortoption 7 passend für diesen Abschnitt.

Zu d: Der Autor nennt „die wahren Vorteile von Latein" (im Gegensatz zu b, vgl. Lesen Fokus 1, S. 10). Außerdem begründet er seinen Standpunkt, indem er jeden Vorteil erklärt. Daher sind die Antwortoptionen 8 und 10 passend für diesen Abschnitt.

Zu e: Der Autor warnt vor den Folgen eines schlechten Lateinunterrichts (z. B. Zerstörung der Freude am Sprachenlernen). Außerdem nennt er Bedingungen eines guten Lateinunterrichts, der die Vorteile von Latein wirksam werden lässt („Nur wenn ..."). Deshalb sind die Antwortoptionen 9 und 12 passend für diesen Abschnitt.

Leseverstehen, Teil 3

13 x, 14 +, 15 –, 16 x, 17 –, 18 +, 19 +, 20 +, 21 –, 22 –, 23 +, 24 b

Zu 13: keine Information im Text; „Unternehmungen" als vermeintliches Schlüsselwort, hier jedoch Synonym für Vorhaben bzw. Aktivitäten. (Abschnitt 1)

Zu 14: richtig; entsprechende Textstelle: „‚Spin-offs' nennen es die Raumfahrtexperten, wenn ihre Errungenschaften für den Weltraum auf der Erde Verwendung finden." (Abschnitt 2)

Zu 15: falsch; der Klettverschluss wurde nicht zu diesem Zweck entwickelt, sondern nur weiterentwickelt. (Abschnitt 3)

Zu 16: keine Information im Text; „Astronauten", „Sonnenbrillen" und „UV-Strahlung" als vermeintliche Schlüsselwörter, jedoch keine Aussage darüber, dass Astronauten Sonnenbrillen tragen. (Abschnitt 4)

Zu 17: falsch; Raumfahrttechnik soll „in Kürze", also in der Zukunft, eingesetzt werden; die Aussage verwendet aber Präteritum („funktionierten"). (Abschnitt 5)

Zu 18: richtig; entsprechende Textstelle: „Andere neuartige Materialien, wie z. B. bestimmte Keramikverbindungen, die aus Gründen der Kostenreduktion für die Raumfahrt entwickelt wurden, machen heute nicht nur Raketen und Raumfahrzeuge, sondern auch Flugzeuge und Autos leichter und damit energieeffizienter." (Abschnitt 5)

Zu 19: richtig; entsprechende Textstelle: „Denn eine Matratze mit Memory-Schaum passt sich den Körperkonturen individuell an, sodass beim Schlafen die Wirbelsäule entlastet wird – ideal für Menschen mit Rückenproblemen." (Abschnitt 6)

Zu 20: richtig; entsprechende Textstelle: „Dazu beruht die Genauigkeit der gegenwärtigen Satellitennavigation auf einem ebenfalls für die Raumfahrt entwickelten Software-Paket." (Abschnitt 8)

Zu 21: falsch; nur die digitale Bilderfassung ist ein Nebenprodukt der Raumfahrttechnik, nicht aber Digitalkameras und Smartphones. (Abschnitt 9)

Zu 22: falsch; die Algen wurden nicht auf dem Mars, sondern auf der Erde bei der Vorbereitung einer Marsmission entdeckt. (Abschnitt 10)

Zu 23: richtig; entsprechende Textstelle: „Diese Untersuchungen sind aber nicht nur für den Pflanzenanbau im Weltall, sondern auch für Landwirte auf der Erde sehr interessant, wenn man eine immer größer werdende Weltbevölkerung ernähren und eventuell Gemüse direkt in den Großstädten der Welt produzieren möchte." (Abschnitt 10)

Zu 24: a nicht, weil die bemannte Raumfahrt zwar in Abschnitt 1 erwähnt wird, nicht aber das Thema des Textes ist; c nicht, weil nicht die Raumfahrttechnik, sondern die Spin-offs aus der Raumfahrttechnik den Alltag bequemer und sicherer machen.

Sprachbausteine

25 c, 26 c, 27 c, 28 d, 29 b, 30 c, 31 b, 32 b, 33 b, 34 a, 35 b, 36 d, 37 b, 38 d, 39 a, 40 d, 41 c, 42 b, 43 d, 44 a, 45 d, 46 a

25 c: Der Satz liefert eine Begründung dafür, warum in Studienstrategiekursen auch Fragen des Zeitmanagements eine Rolle spielen. Nur „Denn" ergibt daher in diesem Kontext Sinn. Alle anderen Antwortoptionen wären zwar sprachlich und grammatikalisch möglich, würden aber keine sinnvolle Aussage ergeben: Mit den Optionen a und d würde man einen Gegensatz bzw. einen Einwand einleiten, mit Option b würde ein zusätzlicher bzw. neuer Aspekt angeführt werden.

26 c: Es fehlt die Verbindung zwischen „Faktor" und „Studienerfolg". Theoretisch wäre die Verbindung mit Genitiv (Antwortoption b) möglich. Allerdings fehlt das dann notwendige Genitiv-s an dem Wort „Studienerfolg": „Faktor des Studienerfolgs". Von den drei Präpositionen ist im Kontext nur Antwortoption c richtig: „ein Faktor für den Studienerfolg". Die anderen Präpositionen ergeben in diesem Zusammenhang keinen Sinn.

27 c: Hier fehlt ein Verb in einem Infinitivsatz mit „zu" (parallel zum ersten Verb im Infinitivsatz: „zu planen"). Antwortoption a scheidet aus, weil sich zwischen „Verpflichtung" und „können" ein inhaltlicher Widerspruch ergeben würde. Das in den Optionen b und d angesprochene Passiv ist inhaltlich nicht sinnvoll; Option d ist überdies auch grammatikalisch falsch formuliert (fehlendes „zu" vor „sein"). Nur Option c kann deshalb richtig sein.

28 d: Hier muss man die feste Kombination „sich mit etwas schwer tun" kennen. Von den genannten Verben kann nur „tun" in dieser Verbindung verwendet werden.

29 b: Es geht hier um die Zeit der Studienanfänger. Der Possessivartikel „ihre" (Akkusativ, Plural) in Option b stellt diesen Bezug her. Da es um eine bestimmte Zeit, nämlich die Zeit für Studium, Nebenjob und Freizeit, geht, ist ein Artikelwort notwendig und Option a nicht sinnvoll. Option c ergibt im Kontext keinen Sinn. Da „Zeit" ein unzählbares Nomen ist, ist die Kombination mit „viele" in Option d nicht möglich; es müsste „viel Zeit" lauten.

30 c: In diesem Satz wird ein Gegensatz formuliert: unangenehme Tätigkeiten aufschieben ↔ sofort erledigen. Man braucht also eine Verbindung, die diesen Gegensatz zum Ausdruck bringt. Option a scheidet deshalb aus. Die Optionen b und d drücken keinen Gegensatz aus, sondern eine Aufzählung bzw. eine Alternative. Deshalb kann nur Option c richtig sein.

31 b: Option c ist im Kontext nicht gebräuchlich. Option d verweist auf eine Entwicklung, was in dem

Satz nicht intendiert ist. Option a wäre zwar idiomatisch möglich, es fehlt aber „als" als Bestandteil der festen Verbindung „gelten als etwas". Deshalb kann nur Option b richtig sein.

32 b: Es handelt sich um eine feste Wendung. Die Optionen a, c, d sind nicht gebräuchlich.

33 b: Eine Verneinung ist im Kontext nicht sinnvoll. Deswegen können Optionen c und d als Verneinungen nicht richtig sein. Zudem sind die Reihungen der Wörter in den Optionen a und d im Kontext nicht gebräuchlich. Deshalb kann nur Option b richtig sein: Es soll ausgedrückt werden, dass „erfolgreiche Aufschieber" immer rechtzeitig fertig werden, obwohl sie aufschieben.

34 a: Grammatikalisch ist nur Option a richtig. Bei Option b wird der falsche Kasus verwendet, da das Verb „annehmen" den Akkusativ und nicht den Genitiv verlangt. In Option c fehlt der im Kontext notwendige Artikel. In Option d ist die Wortreihung fehlerhaft.

35 b: Grammatikalisch ist nur Option b richtig. Die Kombination der beiden Adjektive mit „schwerwiegend" als Adverb und „negativ" als Attribut ist hier falsch. Zudem ist die schwache Adjektivendung –en falsch, es muss hier die Endung –e verwendet werden. Auch in den Optionen c und d sind die Adjektivendungen falsch.

36 d: Nur Option d ist gebräuchlich. Alle anderen Optionen bieten eine falsche Präposition. Die Präposition „gegenüber" in Option c verlangt außerdem den Dativ. Im Text steht jedoch Akkusativ („das Thema").

37 b: Hier geht es um die Orthografie. Nur Option b bietet die korrekte Schreibung.

38 d: Optionen b („gemäß") und c („mit") sind als Präpositionen in Verbindung mit „betroffen sein" nicht möglich. Sowohl Option a als auch Option d bieten mögliche Präpositionen: „betroffen sein von / durch etwas". Allerdings scheidet „durch" (Option a) als Präposition, die den Akkusativ verlangt, aus, weil das nachfolgende Nomen im Dativ steht. Deshalb bleibt als richtige Lösung nur Option d.

39 a: In diesem Satz fehlt das finite Verb als Prädikat an Position 2. Option b (Partizip I) ist deshalb nicht möglich. Optionen c und d präsentieren jeweils eine Singularform. Da das Subjekt des Satzes die Pluralform „Studierende" ist, kann nur Option a richtig sein.

40 d: Diese Lücke steht in einem Nebensatz, der als Infinitivkonstruktion mit „zu" formuliert ist. In den Optionen a, b und c wird jeweils ein Subjunktor präsentiert und deshalb sind sie nicht möglich. Nur „um" in Option d kann eine Infinitivkonstruktion einleiten.

41 c: Zwar präsentieren alle Optionen existierende Nomen-Verb-Verbindungen, doch in diesem Kontext ist Option c von der Bedeutung her die einzig sinnvolle Lösung (etwas zu Ende bringen = etwas fertigstellen).

42 b: Die Lücke beantwortet die Frage, wem die Zeit zur Verfügung steht: den Studierenden. In der Lücke fehlt also ein Personalpronomen im Dativ und im Plural. Deswegen sind die Optionen a, c und d, in denen Possessivartikel bzw. Singularformen präsentiert werden, nicht möglich, sodass nur Option b (ihnen = Dativ, Plural) richtig sein kann.

43 d: In diesem Satz fehlt ein Subjekt wie z. B. „man". Das deutet auf die Verwendung des subjektlosen Passivs hin, wodurch Option a nicht möglich ist. Bei Option c gibt es zwar ein Partizip II von „beginnen", aber „werden" ist entweder die Präsensform im Plural, was im Kontext grammatikalisch falsch wäre, oder der Infinitiv, was ein konjugiertes Modalverb nötig machen würde. Sowohl Option b als auch c beinhalten die notwendigen Bestandteile des Passivs: Partizip II von „beginnen", Infinitiv von „werden" und konjugierte Form des Modalverbs „sollen". Aber nur Option d präsentiert die richtige Reihenfolge der einzelnen Bestandteile: Das finite Verb „sollte" steht auf Position 2: Position 1 ist mit dem Infinitiv Passiv „begonnen werden" besetzt.

44 a: Der Satz nimmt Bezug auf die „Auflistung anstehender Aufgaben", die im Satz vorher genannt wird, und erklärt, was aus dieser Auflistung resultieren kann. Optionen c und d sind deshalb im Kontext nicht sinnvoll. Denn es wird weder ein Ersatz bzw. eine Alternative („stattdessen") noch ein Gegengrund bzw. eine Einschränkung genannt. Option b scheidet ebenfalls aus, weil im Satz mit „Tages- und Wochenplan" bereits das Subjekt vorhanden ist. Es geht hier um eine feste Verbindung von Verb und Präposition: „sich aus etwas ergeben". „Daraus" bezieht sich als Präpositionaladverb auf die „Auflistung anstehender Aufgaben", aus der sich ein Tages- und Wochenplan ergeben kann.

45 d: Es geht hier um einen konditionalen Nebensatz, der die Frage beantwortet: Unter welchen Bedingungen steht einem erfolgreichen Semester nichts mehr im Wege. Antwort: „Wenn jetzt noch Pufferzeiten eingeplant werden." Im Text steht auf der Endposition des Nebensatzes das Partizip „eingeplant" und kein finites Verb. Es handelt sich um einen verkürzten Konditionalsatz, der durch das Weglassen von „wenn" und dem Wechsel des konjugierten Verbs auf Position 1 des Satzes entsteht. Das Partizip „eingeplant" weist auf das Passiv hin, sodass nur Option d richtig sein kann (konjugierte Form von „werden" auf Position 1 des Satzes). Die Kombination eines Partizips mit dem Modalverb „müssen" (Option a) ist ausgeschlossen. Auch die Optionen b und c sind nicht möglich, weil bei der Verwendung eines Subjunktors auf Position 1 das finite Verb im Nebensatz fehlen würde.

46 a: Option c gibt es so auf Deutsch nicht, das Wort ist nicht korrekt gebildet. Option b ist zwar eine korrekte Partizipbildung (Partizip I), ist aber im Kontext nicht sinnvoll. Option d ist zwar grammatisch korrekt, aber ebenfalls im Kontext nicht sinnvoll, da sich das Partizip II auf die Vergangenheit bezieht. Hier wird aber auf die Zukunft verwiesen. Deshalb ist nur Option a richtig: erreichbare Teilziele (= Teilziele, die erreicht werden können).

Prüfungsteil Hörverstehen

> Um Ihre Lösungen zu überprüfen und Ihre Hörstrategien zu trainieren, können Sie auch die Transkriptionen der Hörtexte nutzen. Überprüfen Sie mithilfe der Transkriptionen, wo Sie auf passende Schlüsselwörter geachtet haben, um die richtige Lösung zu finden, und wo Sie den Kontext vielleicht zu wenig beachtet und deswegen eine falsche Lösung gewählt haben.
>
> Wenn Sie die Transkriptionen verwenden, gehen Sie am besten folgendermaßen vor: Sie lesen eine Transkription oder einen Abschnitt einer Transkription und suchen die Schlüsselwörter, die Sie in den Aufgaben markiert haben, oder deren Paraphrasen im Text. Überprüfen Sie dann die Umgebung dieser Schlüsselwörter. Markieren Sie die Passagen, die Ihnen Hinweise auf die richtige Antwort geben bzw. Sie auf eine falsche Spur geführt haben.

Hörverstehen, Teil 1

47 f, 48 c, 49 i, 50 b, 51 d, 52 h, 53 g, 54 e
nicht zuzuordnen: a und j

Zu a: Sprecherin 8 (Aufgabe 54) sagt zwar, dass sie in anderen Jobs ein paar Euro mehr Stundenlohn verdienen könnte. Das erwähnt sie aber nur am Rande und sieht es nicht als Problem an. Die eigentliche Meinung der Sprecherin ist, dass die Arbeit als studentische Hilfskraft viele Vorteile habe und für sie ideal sei, weil sie durch den Job an der Universität auch viel für ihr Studium lernen kann. Sie meint also, dass eine Stelle als Hilfskraft eine gute Möglichkeit ist, Studium und Job zu kombinieren. Für diesen Vorteil nimmt sie auch in Kauf, dass der Stundenlohn nicht so hoch wie in einem anderen Job ist. Deswegen ist bei Aufgabe 54 nicht die Meinung a die richtige Lösung, sondern die Aussage e.

Zu j: Sprecherin 1 (Aufgabe 47) sagt zwar, dass sie in der „Gastro" (umgangssprachlich für „Gastronomie") arbeitet. Aber sie sagt weiter: „Aber hey, ich bin jetzt jung und die Arbeit macht echt viel Spaß. In der Kneipe arbeiten total viele Leute, die ich auch vom Studium kenne, und über meine Kolleginnen habe ich auch ein Zimmer in ihrer WG gefunden. Eigentlich ist es Arbeit und Freizeit in einem, weil ich meine Freunde bei der Arbeit treffe und wir oft noch weiterfeiern, wenn die Kneipe schon zu hat." Einerseits sagt sie, dass sie in der Kneipe mit Leuten arbeitet, die sie aus dem Studium kennt, und dass sie bei der Arbeit ihre Freunde trifft. Andererseits sagt sie nicht, dass sie mit ihren Freunden arbeitet bzw. dass man in der Gastronomie oft mit Freunden arbeitet. Dagegen sagt sie, dass die Arbeit in der Kneipe „Arbeit und Freizeit in einem" sei. Sie trennt also diese beiden Bereiche nicht. Die richtige Lösung für Sprecherin 1 ist also Meinung f. Aussage j kann damit Sprecherin 1 nicht zugeordnet werden. Wenn man also hier nur auf das sehr auffällige Schlüsselwort „Gastro" bzw. „Gastronomie" reagiert, überhört man vielleicht, dass die Hauptaussage von Sprecherin 1 das Verschwinden der Grenze von Arbeit und Freizeit ist.

Hörverstehen, Teil 2

55 b, 56 c, 57 c, 58 b, 59 a, 60 b, 61 b, 62 b, 63 c, 64 a

Zu 55 b: Man kann hören, dass Frau Professor Kockendorf an der Technischen Hochschule Neustadt Professorin im Bereich Maschinenbau ist, aber nicht, dass sie Maschinenbaustudierende im dualen Studium betreut. Es wird gesagt, ihre Hochschule, die TH Neustadt, wirbt damit, dass man fast alle Studiengänge dual studieren kann, nicht jedoch, dass Frau Kockendorf Werbung für ihre Hochschule macht.

Zu 56 c: Man kann hören, dass in allen Modellen des dualen Studiums ausgedehnte Praxiszeiten integriert sind. Frau Kockendorf erwähnt zwar, dass es an den Hochschulen für angewandte Wissenschaften – im Unterschied zu den Universitäten – schon immer ein Praxissemester gibt. Aber ein Zusammenhang zwischen Praxiszeiten im dualen Studium und einem Praxissemester wird nicht hergestellt. Auch kann man zwar den Schlüsselbegriff „50 Prozent" hören, aber Frau Kockendorf sagt nicht, dass die Praxiszeiten im dualen Studium 50 % höher als in einem Studium mit vertiefter Praxis sind. Stattdessen sagt sie, dass bei einem Studium mit vertiefter Praxis – im Vergleich zu einem „normalen" Bachelorstudium – bis zu 50 % mehr Praxiserfahrung möglich sind.

Zu 57 c: Man kann hören, dass die Studierenden im Verbundstudium Bachelor neben ihren Prüfungen an der Hochschule auch die Prüfungen für eine Ausbildung absolvieren und die Unternehmen die Studierenden ausbilden wie andere Auszubildende. Frau Kockendorf erklärt zwar, dass Studierende im Unternehmen die Masterarbeit schreiben, was auch Forschung im Unternehmen bedeutet. Aber diese Aussage bezieht sich auf Studierende des dualen Masterstudiums und nicht auf ein Bachelorstudium. Außerdem wird nicht gesagt, dass die Studierenden ihre Prüfungen im Unternehmen machen. Neben ihren Prüfungen an der Hochschule machen sie nämlich laut Text Prüfungen an der Industrie- und Handelskammer.

Zu 58 b: Man kann hören, dass die Studierenden bei der Arbeit in einem Unternehmen einen guten Eindruck hinterlassen können. Es fallen zwar auch die vermeintlichen Schlüsselwörter „Firmenkontaktmesse" und „Verbindung". Allerdings wird im Hörtext gesagt, dass die Arbeit im Unternehmen wichtiger als jede Firmenkontaktmesse an der Hochschule ist, wenn es um die Herstellung von Kontakten geht. Es wird nicht erwähnt, dass die Arbeit im Unternehmen die Möglichkeit bietet, auf Firmenkontaktmessen eine Verbindung zu potenziellen Arbeitgebern herzustellen. Zwar sagt Frau Kockendorf, dass Studierende bei der Arbeit im Unternehmen Verantwortung übernehmen.

Aber sie sagt nicht, dass die Arbeit im Unternehmen die Möglichkeit bietet, Anweisungen zu geben. Stattdessen sagt sie, dass die Studierenden, wenn sie selbst in einem Unternehmen arbeiten, erfahren, was eine Anweisung für die Mitarbeiter einer Firma, die die Anweisungen ausführen müssen, bedeutet. Es geht also darum, Anweisungen zu bekommen und nicht darum, Anweisungen zu geben.

Zu 59 a: Man kann hören, dass Unternehmen durch die Beteiligung am dualen Studium den Vorteil haben, neue Mitarbeiter („Nachwuchs") rekrutieren zu können. Unternehmen konkurrieren jedoch nicht um Arbeitsplätze, sondern um Auszubildende und Mitarbeiterinnen und Mitarbeiter. Außerdem sorgen sie nicht für frischen Wind auf dem Arbeitsmarkt. Stattdessen sagt Frau Kockendorf, dass mit den Studierenden frischer Wind, also neue Ideen, in die Unternehmen kommt.

Zu 60 b: Man kann hören, dass in den dualen Studienangeboten die Abbrecherquoten geringer sind als in anderen Studiengängen, also weniger Studierende ihr Studium aufgeben. Deswegen sind duale Studienangebote für die Hochschulen vorteilhaft. Die beteiligten Unternehmen zahlen keine Vergütung an die Hochschulen. Im Interview wird dagegen erwähnt, dass die Studierenden eine Vergütung von den Unternehmen bekommen, sie also für ihre Arbeit im Unternehmen bezahlt werden. Dass es ein Vorteil für die Hochschulen ist, mit bekannten Unternehmen zusammenarbeiten zu können, wird im Interview nicht erwähnt.

Zu 61 b: Man kann hören, dass im dualen Studium Hausarbeiten teilweise parallel zur Arbeit im Unternehmen geschrieben werden müssen. Es fällt zwar das vermeintliche Schlüsselwort „Erfahrung" und es wird betont, dass ein duales Studium eine arbeits- und zeitintensive Zeit ist. Aber Frau Kockendorf sagt nicht, dass man neben dem Studium keine Zeit für andere Erfahrung hat. Auch sagt sie nichts darüber, wie schwierig die Kurse an der Hochschule im dualen Studium sind. Sie erklärt nur, dass es wegen des vollen Stundenplans schwierig sein kann, Kurse, bei denen man nicht erfolgreich war, später noch einmal zu machen.

Zu 62 b: Man hört, dass Studierende im dualen Studium mit Stress umgehen können müssen. Sie müssen auch damit umgehen, dass sie „in verschiedenen Welten und in verschiedenen Rollen unterwegs" sind; sie müssen also belastbar und flexibel sein. Frau Kockendorf betont, dass die Studierenden auch Freizeit und Urlaub haben. Außerdem sagt sie, dass die Anforderungen, die an die Studierenden in einem Unternehmen gestellt werden, ein Vorteil sind. Sie sagt aber nicht, dass die Studierenden oft große Anforderungen an das Unternehmen stellen.

Zu 63 c: Laut Frau Kockendorf hat es etwas mit der Persönlichkeit zu tun, ob man wegen eines Karriereziels oder um des Wissens willen lernt und forscht. Forschergeist ist in ihren Augen demnach ein Teil der Persönlichkeit. Es wird zwar das Wort Karriereziel erwähnt, nicht aber, dass man als Forscher einen Karriereplan braucht. Frau Kockendorf sagt, dass es Forscherinnen und Forscher überall gibt, nicht nur an Hochschulen, sie sagt aber nicht, dass man überall Möglichkeiten zum Forschen finden kann.

Zu 64 a: Frau Kockendorf erklärt, dass man Berufserfahrung in einem Unternehmen gesammelt haben muss, um eine Professur an einer Hochschule für angewandte Wissenschaften zu bekommen. Außerdem spricht sie von „meiner Zeit im Unternehmen". Sie hat also bereits in einem Unternehmen gearbeitet. Sie meint, dass Berufserfahrungen, die man während des Studiums gesammelt hat, gewinnbringend sind. Sie sagt aber nicht, dass sie selbst schon während des Studiums Berufserfahrungen gesammelt hat. Auch sagt sie nichts darüber, dass sie selbst dual studiert hat. Sie bejaht nur die Frage, ob sie selbst dual studiert hätte, wenn sie die Möglichkeit dazu gehabt hätte.

Hörverstehen, Teil 3

65 Schreibfunktionen, Schreibmedien
66 motorisch zu kompliziert
67 Tastaturschreiben stärker trainieren
68 Wechselwirkung zwischen kognitiven und motorischen Vorgängen
69 strukturierten Schreibens
70 inhaltliches Verständnis gefördert
71 Formkontrolle / Größenkontrolle / Abstandskontrolle (davon zwei Aspekte)
72 Probleme beim Schreibtempo
73 weniger feinmotorische Fähigkeiten
74 weniger Übungszeit

In den folgenden Ausschnitten aus dem Hörtext sind wichtige Signalwörter und Hinweise unterstrichen. Die Stellen, die die Lösung beinhalten, sind fett gedruckt.

Zu 65: „Ich glaube nicht, dass das Handschreiben gänzlich verschwinden wird. Es hat die Erfindung des Buchdrucks und die Schreibmaschine überlebt, es wird auch das Computerzeitalter überleben. Aber natürlich lässt sich im Hinblick auf das Handschreiben schon heute beobachten, dass es als Folge der Digitalisierung zu einer Veränderung der **Schreibfunktionen** (65) kommt. Und auch die **Schreibmedien** (65) werden sich mit zunehmender Digitalisierung ändern."

Zu 66/67: 2015 wurde in Finnland dann beschlossen, in den Schulen ab Herbst 2016 auf die zweite Schrift, also die Schreibschrift, zu verzichten. Als Gründe gab man an, dass die Schreibschrift **motorisch zu kompliziert sei** (66). Außerdem wolle man in den Schulen **das Tastaturschreiben stärker trainieren** (67), denn flüssiges Tippen auf einer Tastatur sei heutzutage ebenfalls eine wichtige Kompetenz.

Zu 68: Wir müssen hier vor allem auf Studien aus den USA zurückgreifen. Und diese belegen empirisch, dass das Schreiben mit der Hand andere Effekte auf Lernprozesse hat als das Schreiben mit einer Tastatur. Nachgewiesen werden konnte tatsächlich eine Verbesserung der Lernleistung aufgrund einer **Wechsel-**

wirkung zwischen kognitiven und motorischen Vorgängen. (68)

Zu 69/70: Im Hinblick auf den Schriftspracherwerb möchte ich kurz verschiedene Effekte des Handschreibens etwas konkreter erläutern: Zum einen lernt man durch das Schreiben mit der Hand genaues Schreiben. Dadurch wird beispielsweise auch die Rechtschreibkompetenz gefördert. Das hat damit zu tun, dass das Handschreiben das Wortgedächtnis verbessert. Zweitens wird durch das Schreiben mit der Hand die Fähigkeit gefördert, **strukturiert zu schreiben**. (69) [...] Der dritte Effekt geht über das Schreiben im engeren Sinn hinaus. Durch das Schreiben mit der Hand lernt man nämlich auch, **Inhalte besser zu verstehen. Das inhaltliche Verständnis wird gefördert**. (70)

Zu 71: Als Grund dafür kann man feststellen, dass sie die drei für eine lesbare Handschrift notwendigen Kontrollfunktionen nicht oder nicht ausreichend ausgebildet haben. Erstens: **die Formkontrolle** (71), die eine gleichbleibende Schreibweise der Einzelbuchstaben sicherstellt. Zweitens: **die Größenkontrolle** (71) zur Einhaltung einer konstanten Schreibgröße. Und schließlich drittens: **die Abstandskontrolle** (71), die sich auf gleichmäßige Buchstabenabstände bezieht.

Zu 72: Unleserliches Schreiben ist aber nur eine Schwierigkeit, die man feststellen kann. Neben einer unleserlichen Handschrift haben viele Schülerinnen und Schüler beim Schreiben auch zu wenig Ausdauer, d. h. sie ermüden schnell beim Schreiben. Und sie haben **Probleme** insbesondere hinsichtlich des **Schreibtempos**. Viele Kinder **schreiben sehr langsam** (72).

Zu 73/74: Was sind die Gründe für diese Schreibprobleme? Insgesamt kann man beobachten, dass die **feinmotorischen Fähigkeiten der Kinder zurückgegangen** (73) sind. Das ist sicherlich der zentrale Grund, der auch mit dem veränderten Freizeitverhalten der Schüler zu tun hat. Außerdem steht heutzutage im Unterricht **weniger Zeit zum Üben** (74) zur Verfügung.

> Für die Prüfungsteile *Schriftlicher Ausdruck* und *Mündlicher Ausdruck* wird bewusst auf den Abdruck von Musterlösungen oder idealen Texten verzichtet. Informationen und Hilfestellungen für diese beiden Prüfungsteile finden Sie in den *Strategien Schreiben* (Seiten 75–81) bzw. in den *Strategien Sprechen* (Seiten 82–84).

Prüfungsteil Leseverstehen und Sprachbausteine

Leseverstehen, Teil 1
1 e, 2 c, 3 a, 4 g, 5 b, 6 h
nicht zuzuordnen: d, f

Zu 1 e: Im Satz, der vor Lücke 1 steht, wird auf die negative Praxis, wie man häufig in der Schule mit Fehlern umgeht, eingegangen. Im Satz nach der Lücke wird jedoch darüber berichtet, dass man über Erfolgserlebnisse und positive Erfahrungen lernt. In der Lücke fehlt also ein Übergang zur positiven Wirkung von Fehlern beim Lernen einer Fremdsprache im Gegensatz zur üblichen Praxis des schulischen Fremdsprachenunterrichts. Dieser Übergang wird in Antwortoption e, die Fehler zu positiven Signalen erklärt, mit „aber" signalisiert. Wichtige Hinweise: „positive Signale", „aber".

Zu 2 c: Im Satz vor der Lücke geht es um das Lernen von Kindern. Der Text sagt hier, dass Kinder ständig lernen – sie machen „nichts anderes als lernen". Antwortoption c konkretisiert diese Information: Kinder lernen „rund um die Uhr". Außerdem charakterisiert der Satz das Lernen von Kindern genauer: Sie empfinden das Lernen nicht als „besonders anstrengend". Im Folgesatz wird diese Charakterisierung weitergeführt. Sprachlich wird Antwortoption c mit den Pronomen „sie" (= Kinder), „das" und „es" (= lernen) mit dem vorausgehenden Satz verbunden. Die Pronomen werden auch im nachfolgenden Satz wieder aufgegriffen. Wichtige Hinweise: „Das", „sie", „es".

Zu 3 a: In den Sätzen vor der Lücke wird beschrieben, auf welche Weise Kinder, aber auch Jugendliche und Erwachsene lernen, wenn es um „freiwilliges Lernen" geht. Antwortoption a bezieht sich mit „diese Herangehensweise" auf diese Art des Lernens, die auch für das Fremdsprachenlernen ideal ist. Verbunden wird der Satz mit dem vorausgehenden Text mithilfe von „auch". Mit „auch" wird darauf hingewiesen, dass die Herangehensweise nicht nur ganz allgemein für das freiwillige Lernen charakteristisch, sondern auch für das Lernen einer Fremdsprache sinnvoll ist. Wichtige Hinweise: „Auch", „diese".

Zu 4 g: Antwortoption f bezieht sich mit „dafür" auf den Satz vor Lücke 4. Für einen neuen Kommunikationsversuch (= dafür) muss man zunächst neue sprachliche Mittel lernen. Diese sprachlichen Mittel werden im Folgesatz wieder aufgegriffen bzw. konkretisiert. Auch die Verwendung des Personalpronomens „ich" (hier eigentlich im Sinne von „man" bzw. von „alle Fremdsprachenlernenden") verbindet den vorausgehenden Satz mit Antwortoption g. Wichtige Hinweise: „ich", „dafür", „neue sprachliche Mittel".

Zu 5 b: Im Satz vor Lücke 5 werden zwei Fehlerarten thematisiert: Kompetenzfehler und Performancefehler. Antwortoption b stellt mit „beide Arten von Fehlern" eine Verbindung zum vorausgehenden Satz her. Nach der Lücke werden die unterschiedlichen Funktionen beider Fehlerarten dargestellt. Wichtiger Hinweis: „beide".

Zu 6 h: Antwortoption h verweist mit „so" auf den vorher beschriebenen positiven Umgang mit Fehlern im Fremdsprachenunterricht, durch den Fehler die gleiche Funktion erhalten, die sie auch beim Lernen von Kindern haben. Es handelt sich um eine Bedingung: „Wenn ..., dann ...". Der Satz nach Lücke 6 führt diesen Gedanken weiter, indem er zwar als eine Begründung („Denn") gekennzeichnet ist, aber eigentlich die Folge des veränderten Umgangs mit Fehlern noch einmal abschließend erläutert. Wichtige Hinweise: „so", „Denn dann".

Zu d: Im Text wird an keiner Stelle eine Methode erläutert, die durch Forschungsergebnisse bestätigt werden müsste.

Zu f: In diesem Satz werden die beiden im Text thematisierten Fehlerarten genannt, sodass sich zunächst Lücke 5 anbieten würde. Der Folgesatz erläutert aber, welchen Nutzen die beiden Fehlerarten beim Lernen einer Fremdsprache haben, und der gesamte Text handelt davon, welche positiven Effekte es hat, wenn man die Auseinandersetzung mit Fehlern in den Fremdsprachenunterricht integriert. Eine unbedingte Vermeidung von Fehlern, wie sie in Antwortoption f angesprochen wird, widerspricht also dem Text auf inhaltlicher Ebene.

Leseverstehen, Teil 2
7 e, 8 e, 9 d, 10 b, 11 c, 12 d
nicht zuzuordnen: a

Zu b: Der Autor gibt hier wieder, wie man in den Wirtschaftswissenschaften den Begriff „Inflation" definiert („Damit bezeichnet man in den Wirtschaftswissenschaften ..."). Daher ist Antwortoption 10 passend für diesen Abschnitt.

Zu c: Zwar werden auch in anderen Abschnitten historische Ereignisse nachgezeichnet, aber nur in Abschnitt c schildert der Autor eine kontinuierliche historische Entwicklung, nämlich die Entwicklung von der zunächst vollständigen Deckung des Papiergelds durch Edelmetall bis hin zur Aufhebung der Deckungspflicht. Der Autor verwendet sprachliche Signale zur Darstellung eines chronologischen Ablaufs wie „zunächst" und „dann" und charakterisiert die Entwicklung als kontinuierlich durch Begriffe wie „langsam", „stetig" oder „immer häufiger". Deshalb ist Antwortoption 11 passend für diesen Abschnitt.

Zu d: Der Autor formuliert Bedingungen für das Gelingen der Wertschöpfung: „Damit dieser Vorgang ..., muss ...". Außerdem warnt er vor dem Risiko einer Hyperinflation. Die Warnung wird deutlich in Begriffen wie „aus dem Gleichgewicht geraten", „gefürchtet", „keine gute Idee". Daher sind die Antwortoptionen 9 und 12 passend für diesen Abschnitt.

Zu e: Der Autor beschreibt mit der „Diskussion um die Abschaffung des materiellen Geldes" und mit der Zunahme des bargeldlosen Zahlungsverkehrs aktuelle Tendenzen, die mit „21. Jahrhundert" und mit „derzeit" in der Gegenwart verortet werden. Außerdem stellt der Autor mit der Formulierung „ist davon auszugehen" die Prognose auf, dass es auch in Zukunft noch Bargeld geben wird, und begründet sie. Die Begründung wird mit „Denn" eingeleitet. Deshalb sind die Antwortoptionen 7 und 8 passend für diesen Abschnitt.

Leseverstehen, Teil 3

13 –, 14 +, 15 –, 16 +, 17 x, 18 +, 19 +, 20 x, 21 –, 22 –, 23 –, 24 b

Zu 13: falsch; Daten waren schon immer ein Herrschaftsinstrument („seit jeher"). (Abschnitt 1)

Zu 14: richtig; entsprechende Textstelle: „Während die Auswertung, die Analyse sowie die Kombination von gesammelten Daten bis vor Kurzem an die Arbeitsgeschwindigkeit von Menschen gebunden waren, … ." (Abschnitt 2)

Zu 15: falsch; zu Beginn des Computerzeitalters wurden Daten manuell eingegeben. (Abschnitt 3)

Zu 16: richtig; entsprechende Textstelle: „… meist völlig unabhängig von der Bedeutung der Informationen." (Abschnitt 4)

Zu 17: keine Information im Text; vermeintliche Schlüsselwörter „analysieren" und „verwerten" (Abschnitt 5) ohne Bezug auf Privatunternehmen; weiteres vermeintliches Schlüsselwort „Daten sammeln" (Abschnitt 6), jedoch keine Aussage, dass privatwirtschaftliche Unternehmen Systeme zu diesem Zweck entwickeln.

Zu 18: richtig; entsprechende Textstelle: „Wir als Erzeuger der Daten werden mit Dienstleistungen im Internet entlohnt, die das Leben bequemer machen, aber nur auf den ersten Blick kostenlos sind." (Abschnitt 6)

Zu 19: richtig; entsprechende Textstelle: „Kommen dann noch wie beim Sammeln von Rabattpunkten kleine Einsparungen und Belohnungen dazu, erklärt man sich mit einem Klick mit der nahezu grenzenlosen Nutzung und Weitergabe der eigenen Daten einverstanden und vergisst dabei, dass diese Daten auch missbraucht werden können." (Abschnitt 9)

Zu 20: keine Information im Text; vermeintliche Schlüsselwörter „Datenschutzbestimmungen" und „Europäische Union" (Abschnitt 9), jedoch keine Aussage zu Datenschutzregelungen von außereuropäischen Ländern.

Zu 21: falsch; 1987 protestierten viele Menschen gegen die Volkszählung, weil sie einen Datenmissbrauch in der Zukunft befürchteten; sie protestierten aber nicht gegen den Missbrauch schon gesammelter Daten. (Abschnitt 10)

Zu 22: falsch; im Text wird beschrieben, dass die Gefahr, dass Privatpersonen versehentlich verdächtigt werden, zunimmt. (Abschnitt 11)

Zu 23: falsch; im Text werden digitale Patientendaten nicht als Problem, sondern als Vorteil für die Therapie beschrieben. (Abschnitt 12)

Zu 24: a nicht, weil bei der Entwicklung der Datenspeicherung Big Data zunächst keine Rolle gespielt hat und weil Big Data nicht primär auf Datenspeicherung, sondern auf die Verwertung von Daten abzielt; c nicht, weil Künstliche Intelligenz im Text nicht thematisiert wird.

Sprachbausteine

25 b, 26 b, 27 b, 28 a, 29 a, 30 a, 31 c, 32 a, 33 c, 34 b, 35 c, 36 c, 37 b, 38 c, 39 c, 40 b, 41 d, 42 b, 43 c, 44 b, 45 c, 46 a

25 b: Bei diesem Nebensatz handelt es sich um eine indirekte Entscheidungsfrage, eingeleitet durch „ob". Als direkte Frage formuliert: Berücksichtigen und fördern die Lehr- und Lernmethoden die Prinzipien der Lernerautonomie angemessen? Ja oder nein? Weder ein konditionales Verhältnis (Optionen a und d) noch ein kausales Verhältnis (Option c) zwischen Nebensatz und Hauptsatz sind sinnvoll. Deswegen ist Option b richtig.

26 b: Hier handelt es sich um eine feste Wendung: „hinter etwas stecken". Es wird hier gefragt, was der Hintergrund bzw. die eigentliche Bedeutung des Begriffs Lernerautonomie ist. Option c ist zwar grammatisch richtig, aber nicht in diesem Kontext möglich. Die Optionen a und d präsentieren Präpositionen, die in Verbindung mit dem Verb „stecken" nicht möglich sind.

27 b: Mit dieser Lücke wird die Reformpädagogik mit einem Genitiv-Attribut (Hinweis: „des") zeitlich verortet. Es soll ausgedrückt werden, dass es um die Reformpädagogik der Anfangsjahre des 20. Jahrhunderts geht. Option d ist grammatisch falsch, da das Partizip ohne passende Endung verwendet wird. Option a ist ebenfalls nicht korrekt, weil die Wortordnung falsch ist. Option c ist zwar grammatisch korrekt, aber inhaltlich nicht sinnvoll. Denn es soll nicht nur der exakte Beginn des 20. Jahrhunderts angesprochen werden, sondern die zeitliche Periode des beginnenden 20. Jahrhunderts, wie in Option b formuliert.

28 a: Optionen b, c und d sind grammatisch falsch. Bei b ist die Kasusmarkierung falsch: Die Präposition „zu" fordert den Dativ, es wird aber der Akkusativ markiert. Option c markiert den Dativ doppelt und damit falsch. Option d verwendet mit dem Femininum das falsche Genus, weil „Handeln" ein Nomen im Neutrum ist. Nur in Option a ist das Genus korrekt gewählt und der Kasus richtig markiert.

29 a: Alle Optionen präsentieren Temporaladverbien. Es soll ein zeitlicher Bezug zum vorhergehenden Satz hergestellt und das Verständnis der Reformpädagogik des beginnenden 20. Jahrhunderts erläutert werden. Es geht also aus der gegenwärtigen Perspektive um einen weiter zurückliegenden Zeitraum. Deswegen ist Option c nicht sinnvoll. Denn „neulich" bezeichnet einen nicht zu weit in der Vergangenheit liegenden Zeitraum. Die Optionen b und d würden dagegen einen Zeitpunkt oder einen Zeitraum benennen, der vor dem beginnenden 20. Jahrhundert liegt. Deswegen ist Option a die einzig mögliche Lösung. „Damals" verweist auf einen weiter zurückliegenden Zeitpunkt in der Vergangenheit.

30 a: Alle Optionen präsentieren korrekte Partizipien existierender Verben. Im Kontext ist jedoch nur Option a sinnvoll. Einen wichtigen Hinweis gibt hier „wieder": „Etwas wieder aufgreifen" ist eine typische Wendung, um auszudrücken, dass man auf etwas zurückkommt und sich mit einer Sache erneut beschäftigt.

31 c: Dieser Satz gibt wieder, was die konstruktivistische Lerntheorie unter Lernen versteht. Der fehlende Baustein gibt die Quelle dieser Definition an. Die Präposition „für" in Option b kann nicht zur Angabe der Quelle genutzt werden. Die Optionen a, c und d beinhalten zwar mit „laut", „gemäß" und „zufolge" mögliche Quellenangaben. Allerdings kann „laut" nicht hinter dem Nomen und „zufolge" nicht vor dem Nomen stehen, sodass die Optionen a und d falsch sind. Nur Option c verwendet eine korrekte Reihenfolge.

32 a: Hier handelt es sich um eine Partizipialkonstruktion, die einen verkürzten Konditionalsatz darstellt: Wenn Lernerautonomie als selbstbestimmter Wissenserwerb verstanden wird, dann stellt sie große Anforderungen an Lernende wie Lehrende. Weder das Adjektiv in Option b noch der Infinitiv in Option c ist hier möglich. Da es sich um einen passivischen Aspekt handelt, ist auch Option d mit dem Partizip I nicht korrekt. Nur Option a mit dem Partizip II „verstanden" ist sinnvoll. Im Grunde handelt es sich um eine feste Wendung: „verstanden als ...".

33 c: Hier geht es um die Orthografie. Nur Option c bietet die korrekte Schreibung: Motivation.

34 b: Es geht hier um eine wesentliche bzw. fundamentale und damit um eine „grundlegende" Reflexionsfähigkeit. „Grundlegend" ist ein feststehendes Adjektiv mit dieser Bedeutung. Die Optionen a und d präsentieren unterschiedliche Formen des sehr selten gebrauchten bzw. veralteten Verbs „grundlegen" (= den Grund zu etwas legen). Aber weder ist ein modales Partizip (d) noch ein Partizip II mit passivischer Bedeutung (a) im Kontext sinnvoll. Option c zeigt ein Wort, das nicht existiert. Nur Option b ist demnach hier korrekt und sinnvoll.

35 c: Die Lücke an Position 2 des Satzes macht deutlich, dass wir ein konjugiertes Verb zum Subjekt „Autonomie" (Singular) brauchen. Option a verwendet den Plural und ist folglich falsch. Option b ist ebenfalls falsch, denn hier wird sowohl der Plural als auch mit dem Pronomen „sie" ein unnötiges Subjekt verwendet. In Option d wird zwar der Singular verwendet, aber mit „man" ein weiteres Subjekt angeführt, sodass auch diese Option falsch ist. Option c präsentiert mit „verlangt" ein konjugiertes Verb in der Singularform, sodass nur diese Option richtig sein kann.

36 c: Hier handelt es sich um die feste Verbindung „jemanden in die Lage versetzen" (= jemanden befähigen). Das Verb „versetzen" drückt eine Situations- bzw. Lageveränderung aus und braucht dafür eine sogenannte Direktiv-Ergänzung (man fragt: Wohin versetzen?). Bei sogenannten Wechselpräpositionen wie „in" muss deshalb der Akkusativ verwendet werden. Die Optionen b und d verwenden den Dativ und sind deshalb nicht korrekt. In Option a fehlt der notwendige Artikel; deshalb ist a ebenfalls falsch. Option c präsentiert die einzig mögliche Form der festen Verbindung.

37 b: In diesem Satz wird ausgedrückt, dass man in der Idee des LDL eine konsequente Umsetzung des Ideals der Lernerautonomie erkennen kann. Das Partizip II in Option a verweist auf das Zustandspassiv bzw. eine abgeschlossene Handlung in der Vergangenheit und ist deshalb nicht sinnvoll. In Option d wird statt einer notwendigen Infinitivkonstruktion mit „zu" (ist ... zu erkennen = kann erkannt werden) ein modales Partizip, das nur als Attribut eingesetzt werden könnte, verwendet. Deshalb ist auch diese Option nicht korrekt. Das Adjektiv „erkenntlich" wird heute nur noch in der Wendung „sich bei jemandem erkenntlich zeigen" (= sich dankbar zeigen, sich revanchieren) verwendet, sodass Option c nicht sinnvoll ist. Option b ist die richtige Lösung: erkennbar = kann erkannt werden.

38 c: In diesem Satz soll ausgedrückt werden, dass so viele Aufgaben und Funktionen übertragen werden sollen, wie es sich ermöglichen lässt. In dieser Bedeutung ist „möglichst" ein festes Adverb, sodass die Optionen a und d nicht korrekt sind. Da es sich bei den „Aufgaben und Funktionen" im Kontext um ein Genitivattribut handelt, verwendet Option b eine falsche Adjektivendung. Deshalb ist nur Option c richtig.

39 c: In diesem Kontext ist nur eine Temporalangabe sinnvoll. Die Optionen a, b und d sind deshalb nicht möglich und Option c muss richtig sein.

40 b: In diesem Satz wird ein Gegensatz formuliert: Zwar wird der Begriff des LDL eigentlich für das Lernen in einem Klassenkontext verwendet, aber er wird auch auf andere Kontexte ausgedehnt. Es geht also um ein konzessives Verhältnis zwischen Nebensatz und Hauptsatz. Das Wort „grundsätzlich" im Nebensatz in Verbindung mit „auch andere" im Hauptsatz ist ein wichtiges Signal dafür. Die Optionen a (kausale Beziehung) und d (konditionale Beziehung) sind folglich nicht möglich. Sowohl Option b als auch Option c drücken eine konzessive Bedeutung aus. Da die Lücke in einem Nebensatz mit dem Verb am Ende steht, ist Option c nicht möglich. Denn „trotzdem" ist ein Adverb und kein nebensatzeinleitender Subjunktor. Nur in der Umgangssprache wird „trotzdem" manchmal als Subjunktor verwendet, nicht jedoch in der geschriebenen Sprache eines wissenschaftsorientierten Textes. Hier passt also nur der Konnektor „obwohl" in Option b.

41 d: In diesem Satz wird ausgedrückt, dass in Tutorensystemen („dort") ältere Lernende Wissen an jüngere Lernende weitergeben. Deshalb ist Option b nicht sinnvoll. Die Verben in Option a und in Option c haben zwar eine passende Bedeutung, aber aufgrund der Verwendung der Präposition „an" („an jüngere Lernende") sind diese Optionen nicht korrekt. Option d ist richtig: an jemanden Inhalte vermitteln.

42 b: Die Optionen a, c und d sind grammatisch falsch. Option a markiert den Kasus doppelt und ist deshalb falsch. In Option c fehlt der notwendige Artikel. Option d zeigt eine falsche Reihenfolge der Wörter. Nur Option b ist korrekt im Hinblick auf Artikelverwendung, Kasusmarkierung (beim Artikel) und Endungen sowie Reihenfolge.

43 c: Hier geht es um die feste Wendung „in umfassendem Maße" (in der Bedeutung von „sehr", „intensiv", „vollständig"). Das Dativ-e bei „Maße", das heute nur noch selten verwendet wird, weist auf einen gehobenen Sprachstil hin und ist typisch für feste Wendungen. Als Pluralform scheidet Option d aus. Die Optionen a und b verwenden eine falsche Schreibung (ss statt ß).

44 b: Die Lücke leitet einen Relativsatz ein. Es fehlt also das Relativpronomen, mit dem auf „Angebot" (das) Bezug genommen wird, daher kann nur Option b richtig sein. Die Optionen a und c beinhalten keine Relativpronomen, mit „die" in Option d ist kein Bezug auf „Angebot" möglich.

45 c: Im Kontext ist nur Option c sinnvoll. Denn es geht weder um eine Erlaubnis (Option b) noch um eine Verpflichtung (Option d), sondern um die Fähigkeit und die Möglichkeit (Option c) von Tutoren, die fachlichen Schwierigkeiten gut nachzuvollziehen. Option a scheidet auch deshalb aus, weil weder ein Infinitiv mit „zu" noch eine Verneinung vorhanden ist. Deshalb kann nur Option c richtig sein.

46 a: Hier geht es um die feste Wendung „vor Kurzem" in der Bedeutung „vor nicht langer Zeit". Präposition und Nomen werden in der Regel getrennt geschrieben, weswegen die Optionen b und d nicht möglich sind. Wegen der Präposition „vor" wird der Dativ markiert. Option c kann deshalb nicht richtig sein.

Prüfungsteil Hörverstehen

Hörverstehen, Teil 1

47 j, 48 e, 49 c, 50 a, 51 b, 52 g, 53 f, 54 i
nicht zuzuordnen: d und h

Zu d: In der Aussage von Sprecher 6 (Aufgabe 52) fällt zwar das Schlüsselwort „Vegetarier", allerdings fordert er keine vegetarische Ernährung für alle. Man könne alles essen, aber in Maßen. Die Ernährung ist für ihn ein Bereich, in dem jeder Mensch etwas zum Klimaschutz beitragen kann. Von einem Trick der Vegetarier ist nicht die Rede. Die richtige Lösung für Sprecher 6 ist also Aussage g. Aussage d kann damit Sprecher 6 nicht zugeordnet werden. Wenn man also hier nur auf das sehr auffällige Schlüsselwort „Vegetarier" reagiert, wird man auf die falsche Fährte gelockt.

Zu h: Sprecherin 1 (Aufgabe 47) spricht über die Industrie, der sie eine größere Verantwortung im Kampf gegen den Klimawandel zuspricht. Und Sprecherin 7 (Aufgabe 53) geht auf die Verantwortung der Menschen in den sogenannten reichen Ländern ein und fordert, dass die reichen Länder der Welt etwas für den Klimaschutz tun müssen. In keinem Text wird jedoch erwähnt, dass es vor allem die reichen Industrieländer sind, die schon etwas gegen den Klimawandel tun. Aussage h kann also keinem Statement zugeordnet werden.

Hörverstehen, Teil 2

55 a, 56 c, 57 a, 58 a, 59 c, 60 c, 61 a, 62 b, 63 a, 64 c

Zu 55 a: Man kann hören, dass ethische Richtlinien für Ärzte bereits in der Antike den Menschen die Angst nehmen sollten. Sie dienten also der Beruhigung von Menschen. Zwar wird die „Technisierung der Medizin" erwähnt, nicht jedoch als Ursache für die Entstehung ethischer Richtlinien, sondern als ein Bereich der Medizin, der heutzutage den Menschen Angst macht. Es wird auch nicht behauptet, dass ethische Richtlinien für die Medizin von Frau Dr. Niederölstrich in ihrer Doktorarbeit entwickelt wurden. Stattdessen hört man, dass sich Frau Niederölstrich im Rahmen ihrer Doktorarbeit mit der Medizinethik beschäftigt hat.

Zu 56 c: Man kann hören, dass der Hippokratische Eid eine Art Selbstverpflichtung von Ärzten zum ethischen Handeln ist. Ärzte sicherten mit dem Eid also ethisches Verhalten zu. Im Text wird gesagt, dass es sich beim Hippokratischen Eid um ein Schlüsseldokument antiker ärztlicher Ethik handelt, also um ein sehr wichtiges Beispiel für die Medizinethik der Antike. Der Hippokratische Eid wird jedoch nicht als Beginn der Medizinethik in der Antike bezeichnet. Auch stellt der Hippokratische Eid keine naturwissenschaftliche Grundlage der Medizin dar, sondern ist laut Hörtext ein Beleg dafür, dass es ethische Richtlinien für Ärzte gab, bevor es eine naturwissenschaftlich begründete Medizin gab.

Zu 57 a: Professor Wichlt sagt, dass es als Arzt notwendig ist, sein Handeln immer wieder auf einer ethischen Grundlage zu hinterfragen, also ethisch zu reflektieren. Für ihn ist die Kombination von Geld und der Aufgabe, Menschen zu heilen und zwischen Krankheit und Gesundheit, zwischen Leben und Tod zu entscheiden, zwar problematisch, aber nicht unethisch. Außerdem hebt er zwar die religiöse Komponente der Medizin vor allem ihren Anfängen hervor, aber nicht die des Arztberufs.

Zu 58 a: Frau Dr. Niederölstrich ist fasziniert davon, dass vieles seit der Antike gleichgeblieben ist, dass es also heute gleiche Fragestellungen wie in der Antike gibt: ärztliche Schweigepflicht, Arzt-Patienten-Verhältnis, Verbot der Sterbehilfe. Der Hippokratische Eid ist religiös eingebunden. Die Aussage zur fehlenden religiösen Einbindung bezieht sich auf das Genfer Gelöbnis, der modernen Form des Hippokratischen Eides. Das Genfer Gelöbnis wurde nicht außer Kraft gesetzt, sondern hat laut Hörtext in der modernen Medizinethik den Hippokratischen Eid ersetzt.

Zu 59 c: Professor Wichlt findet es richtig, dass Ärzte und Ärztinnen auch für die eigene Gesundheit sorgen sollen. Er erklärt aber, dass das Genfer Gelöbnis in Deutschland nicht verpflichtend ist, und vermutet lediglich, dass viele Ärzte weder den Hippokratischen Eid noch das Genfer Gelöbnis zitieren können.

Zu 60 c: Man hört, dass die ständige Anpassung der formulierten Medizinethik an veränderte Lebensumstände für Frau Dr. Niederölstrich dieses Thema spannend macht. Sie spricht zwar über die Ethik als Teil der praktischen Philosophie, bei dem es um das menschliche Handeln geht, und über Medizinethik als uralten Bereich. Sie behauptet aber nicht, dass es sich bei der Medizinethik um den ältesten Bereich der Philosophie handelt und dass Medizinethik praktische Regeln für das menschliche Handeln bietet.

Zu 61 a: Man hört, dass glücklicherweise der Medizinethik seit ein paar Jahren mehr Aufmerksamkeit gewidmet wird. Als Beleg dafür führt Professor Wichlt an, dass es mehr Geld für medizinethische Stellen an Medizinischen Fakultäten gibt. Er selbst fordert eine größere Bedeutung der Medizinethik auch im Medizinstudium. Dass er sich über deren Notwendigkeit im Studium freut, wird nicht gesagt. Er selbst hat auch keine neue Stelle an einer Medizinischen Fakultät bekommen, über die er sich freuen könnte.

Zu 62 b: Professor Wichlt betont, dass man wegen des Fortschritts in der Medizin angepasste ethische Regularien braucht. Er sagt, dass man angesichts des medizinischen Fortschritts bei Experimenten fragen muss, welche durchgeführt werden dürfen und welche unethisch sind. Er sagt aber nicht, dass der Fortschritt nicht durch unethische Experimente erreicht werden darf. Der Text trifft auch keine Aussage zu einer ethischen Begrenzung des Fortschritts. Professor Wichlt weist lediglich darauf hin, dass die Genetik die Grenzen des Machbaren verschiebt.

Zu 63 a: Frau Dr. Niederölstrich sagt, dass man mit der Sterbehilfe an die Kernabsicht der Medizin, also die Rettung von Leben, stößt. Sterbehilfe steht also der Intention von Medizin entgegen. Sie erklärt, dass es schwierig ist, in Bezug auf die Sterbehilfe Entscheidungslinien vorzugeben. Über ihre persönliche Haltung zum Thema wird nichts ausgesagt. Sterbehilfe ist außerdem keine Entscheidung des Patienten, sondern es geht beim Thema Sterbehilfe um die Autonomie des Patienten, die der eigentlichen Intention der Medizin, nämlich das Leben des Patienten zu retten, widersprechen kann.

64 c: Professor Wichlt sagt, er möchte noch mehr darauf achten, dass Patienten im Mittelpunkt seines Handelns stehen. Er möchte sich also noch mehr auf seine Patienten fokussieren, gerade angesichts der hochtechnisierten Medizin mit ihren Formeln und Maschinen. Weder will er neue Formeln entwickeln, noch sagt er, dass er die Geräte der hochtechnisierten Medizin erst in der Zukunft nutzen will.

Hörverstehen, Teil 3

65 manche Verknüpfungen stärker ausgebaut
66 passend einzuordnen und dauerhaft zu speichern
67 Orten und Bildern
68 originelle Verknüpfung
69 akustische Ähnlichkeit von Wörtern (möglich auch: Klang von Wörtern)
70 bildhafte Assoziation
71 rhythmische Gliederung
72 wiederholtes Mitsingen von Liedern
73 einfacher, effektiver
74 vorhandenem Netz an Informationen

> In den folgenden Ausschnitten aus dem Hörtext sind wichtige Signalwörter und Hinweise unterstrichen. Die Stellen, die die Lösung beinhalten, sind fett gedruckt.

Zu 65: Wissenschaftler haben kürzlich herausgefunden, dass sich die Gehirne von Gedächtniskünstlern weder in Bezug auf die Größe noch im Hinblick auf andere anatomische Merkmale von denen anderer Menschen unterscheiden. Was aber auch festgestellt wurde, ist die Tatsache, dass bei uns Gedächtniskünstlern **manche Verknüpfungen oder Verschaltungen im Gehirn stärker ausgebaut sind** (65).

Zu 66: Was sind nun Mnemotechniken? Mnemotechniken sind Verfahren, die darauf abzielen, die Gedächtnisleistung zu steigern. Als Gedächtnis kann man die Fähigkeit bezeichnen, – erstens – Informationen **passend einzuordnen** und – zweitens – die Informationen **dauerhaft zu speichern** (66), verbunden mit dem Ziel, diese Informationen – auch nach längerer Zeit – zuverlässig abzurufen.

Zu 67: Auch die wahrscheinlich bekannteste Mnemotechnik, die sogenannte Loci-Methode, wurde bereits im alten Griechenland genutzt. Durch ihren Namen, der auf das lateinische Wort „locus“ – der Ort – zurückgeht, wird bereits die Art und Weise, wie sie funktioniert, deutlich. Es ist eine „Ortsmethode“, man nutzt sie, indem man einen Ort, den man sehr gut kennt, wie die eigene Wohnung, oder auch Wegstrecken, die man oft geht, wie z. B. den Weg zur Arbeit oder zur Uni, nutzt, um sich Dinge zu merken. Der Weg oder das Gebäude müssen dabei nicht unbedingt wirklich existieren, es ist nur wichtig, dass man sich alles gut eingeprägt hat. Ich belege nun, wenn ich mir zum Beispiel den Inhalt eines Einkaufszettels merken will, Orte in meiner Wohnung oder entlang meines täglichen Arbeitswegs in Gedanken mit den Bildern der Sachen, die ich einkaufen möchte. Ich stelle also bestimmte Verknüpfungen **zwischen Orten und Bildern** (67) her.

Zu 68: Insgesamt betrachtet beruht die Loci-Methode, wie auch andere Mnemotechniken, auf zwei Prinzipien: nämlich – erstens – auf dem Prinzip der Visualisierung, also der bildhaften Vorstellung, und – zweitens – auf dem Prinzip der **originellen Verknüpfung** (68).

Zu 69/70: Eine andere Technik, die auch für das Wortschatzlernen immer wieder empfohlen wird, ist die sogenannte Schlüsselwortmethode. Neben der Visualisierung und der mentalen Verknüpfung nutzt diese Methode auch **den Klang bzw. die akustische Ähnlichkeit von Wörtern** (69). Vokabeln lassen sich damit effizient und gut lernen. Man geht dabei in zwei Schritten vor: Zunächst verbindet man das Wort, das man lernen will, mit einem ähnlich klingenden Wort aus der eigenen Muttersprache, das als Schlüsselwort fungiert. Dann wird in einem weiteren Schritt **eine bildhafte Assoziation hergestellt** (70): Das heißt, dass die bildliche Vorstellung des Schlüsselworts mit einem Bild des übersetzten fremdsprachigen Begriffs verknüpft wird.

Zu 71/72: Hier wird ein weiteres Prinzip deutlich, nach dem unser Gehirn gerne lernt. Es geht um das sogenannte akustische Gedächtnis. Denn unser Gehirn ist sehr empfänglich für Gleichklang und für Reime, aber auch für **rhythmische Gliederung** (71). Auf dem akustischen Gedächtnis beruhen viele altbekannte Merksprüche – und auch mein simpelster, aber ebenso effektiver Tipp: Um fremdsprachliche Wörter und Wendungen zu lernen, eignet sich **wiederholtes Mitsingen von Liedern** (72) in der Fremdsprache ganz besonders gut.

Zu 73/74: Kommen wir zum Schluss meines Vortrags. Fest steht: Mnemotechniken können das Wortschatzlernen unterstützen. Aber ich muss doch auch etwas relativieren. Der Neurowissenschaftler Peter Gasser hat kürzlich Mnemotechniken auf ihre neurobiologischen Grundlagen hin überprüft. In seinem Buch „Gehirngerecht lernen" schreibt er, dass ihre unbezweifelbaren Vorteile daher kommen, dass sie die Vernetzung und damit eine sichere Abspeicherung im Gehirn **einfacher** und **effektiver** (73) machen. Experten auf einem Gebiet brauchten, so schreibt er, diese artifiziellen Vernetzungen aber nicht mehr, da sie neues Wissen in ihrem Fachgebiet in ein bereits **vorhandenes Netz an Informationen** (74) einbauen können.

Für die Prüfungsteile *Schriftlicher Ausdruck* und *Mündlicher Ausdruck* wird bewusst auf den Abdruck von Musterlösungen oder idealen Texten verzichtet. Informationen und Hilfestellungen für diese beiden Prüfungsteile finden Sie in den *Strategien Schreiben* (Seiten 75–81) bzw. in den *Strategien Sprechen* (Seiten 82–84).

Hörverstehen, Teil 1

🔈 **Track 1**

Sie hören die Meinungen von acht Personen. Sie hören die Meinungen nur einmal. Entscheiden Sie beim Hören, welche Aussage (a–j) zu welcher Person passt. Zwei Aussagen passen nicht. Markieren Sie Ihre Lösungen für die Aufgaben 47–54 auf dem Antwortbogen.
Lesen Sie jetzt die Aussagen a–j. Sie haben dazu eine Minute Zeit.

Sprecherin 1 (Aufgabe 47):
Ich arbeite in einer Studentenkneipe im Service – oder, wie wir sagen, „in der Gastro". Ja, das ist schon manchmal anstrengend und in der Vorlesung um acht Uhr bin ich nicht so oft, wenn ich am Abend vorher Schicht hatte. Aber hey, ich bin jetzt jung und die Arbeit macht echt viel Spaß. In der Kneipe arbeiten total viele Leute, die ich auch vom Studium kenne, und über meine Kolleginnen habe ich auch ein Zimmer in ihrer WG gefunden. Eigentlich ist es Arbeit und Freizeit in einem, weil ich meine Freunde bei der Arbeit treffe und wir oft noch weiterfeiern, wenn die Kneipe schon zu hat. Die Wirtin hat auch mal studiert und damit dann irgendwann aufgehört, weil sie gemerkt hat, dass sie eigentlich als Wirtin arbeiten wollte und das Studium nur gemacht hat, weil alle halt studiert haben. Das möchte ich aber nicht, ich möchte später schon eine Stelle mit geregelten Arbeitszeiten und Urlaub und so.

Sprecherin 2 (Aufgabe 48):
Also für mich ist das Thema „Jobs im Studium" nicht so zentral. Meine Eltern verdienen nicht schlecht und haben mir versprochen, dass sie mir das Studium finanzieren, solange ich es ernsthaft betreibe und erfolgreich bin. Das heißt nicht nur Einser oder so; aber sie wollen schon sehen, dass ich mein Studium so ernst nehme wie sie ihre Arbeit. Irgendwann habe ich dann gemerkt, dass ich eigentlich praktische Erfahrungen sammeln möchte und mir nur mit Lernen etwas fehlt. Ich studiere Pädagogik und Soziologie und habe angefangen, mich ehrenamtlich in der schulischen Förderung von Kindern und Jugendlichen zu engagieren. Seitdem habe ich nicht nur viel mehr Motivation für mein Studium und eine Perspektive für meinen Beruf, sondern auch unglaublichen Respekt gegenüber dem, was Leute, die im sozialen Bereich arbeiten, eigentlich leisten. Ich kann nur sagen, dass man sich – ob bezahlt oder nicht bezahlt – eine Arbeit suchen soll, die etwas mit dem Studium zu tun hat. Und dass das meinen Horizont sehr erweitert hat.

Sprecher 3 (Aufgabe 49):
Das BAföG reicht einfach nicht – auch der Höchstsatz nicht. Ohne meinen Nebenjob und ohne das Ranklotzen in den Semesterferien geht es einfach nicht. Das größte Problem ist die Miete. Dass das beinahe unbezahlbar wird, dazu muss man noch nicht einmal in München leben. Ja, die „Metropolregion München" umfasst in der Zwischenzeit wahrscheinlich ganz Oberbayern und als Student konkurriert man halt mit Leuten, die schon arbeiten und nicht schlecht verdienen, um die gleichen Wohnungen. Arbeit ist Arbeit – für die Semesterferien nehme ich das, was am meisten Geld bringt, also meistens irgendeinen Job mit Nachtschicht. Gott sei Dank habe ich das ganze Jahr über auch noch meinen Programmierjob. Das ist zwar total anstrengend, weil der Auftrag halt fertig sein muss, wenn der Kunde es will – da ist es egal, ob gerade Prüfungsphase ist oder nicht. Aber Programmierer sind halt gesucht, das gibt echt gutes Geld.

Sprecher 4 (Aufgabe 50):
Wenn ich ganz ehrlich bin, muss ich eigentlich nicht unbedingt neben dem Studium arbeiten. Die Grundbedürfnisse zahlen meine Eltern und sind da auch eher großzügig. Was sie aber nicht einsehen, ist, dass sie für Freizeit und Hobbies und Urlaube zahlen sollen – und das ist auch okay so. Ich möchte halt – solange ich noch jung bin und einen flexiblen und freien Tagesplan habe – meine Zeit auch genießen und viel ausprobieren und sehen und erleben. Das kann schon mal dreimal Asien im Jahr heißen oder Surfen auf Hawaii. Klar – dazu muss Kohle reinkommen; aber ich weiß auch genau, wofür ich arbeite und noch ist es mir das wert. Und es ist schon gut, wenn man beim Feiern nicht rechnen muss, ob das der Dispo noch stemmt oder es ab jetzt keine Cocktails mehr gibt.

Sprecherin 5 (Aufgabe 51):
Ich arbeite in der Studienberatung des Studentenwerks und mein Schwerpunkt ist „Studium und Geld". Die meisten Menschen – auch Studierende – denken, das ist die BAföG-Beratung. Aber das geht weit darüber hinaus – ich bin immer wieder erstaunt, wie viele Stipendien und sonstige Fördermöglichkeiten es gibt und wie wenig die Studierenden darüber wissen. Nun gut, dazu bin ich ja da. Der zweite große Bereich ist „Arbeiten neben dem Studium", und da bin ich vor allem dazu da, um zu prüfen, ob alle rechtlichen Bestimmungen für einen Job neben einem Vollzeitstudium eingehalten werden. Gerade mit Minijobs und kurzzeitigen Tätigkeiten gibt es da einiges, auf das man achten muss, um seinen Studentenstatus nicht zu gefährden. Ich mag meine Arbeit. Bis jetzt habe ich noch immer eine Lösung für ein Problem gefunden – von Büchergeld bis zu unseriösen Chefs.

Sprecher 6 (Aufgabe 52):
Ich bin der Erste aus meiner Familie, der studiert, und das geht bei uns nur, indem ich mein Studium selber finanziere. Meine Eltern haben lange nicht verstanden, warum sie für mich noch Geld zahlen sollten, wo doch mein Bruder schon im Beruf steht und Geld verdient. Das hat gar nicht so viel mit Geldmangel oder Armut zu tun, sondern mit der Haltung in unserer Familie. Geld verdient man durch Arbeit und vom Staat will man nichts geliehen haben – BAföG fiel für mich also auch flach. Ich weiß, dass man das alles von seinen Eltern einklagen kann, aber in vielem finde ich die Haltung, in der ich erzogen wurde, auch voll okay und bewundere meine Eltern für ihre Ansichten. Jetzt

wurde ich aber für ein Stipendium vorgeschlagen und habe das auch bekommen. Das ist nicht nur wegen der Zeit, die ich für mein Studium gewinne, total wichtig für mich, sondern auch, weil meine Eltern das Studium jetzt als Arbeit anerkennen – ich verdiene ja Geld damit – und damit den Sinn dahinter besser verstehen.

Sprecher 7 (Aufgabe 53):
Ja, ich muss arbeiten, um mein Studium zu finanzieren, aber ich sehe das nicht nur als einen Nachteil. Nach meinem BWL-Studium möchte ich ins Marketing gehen und bei allen meinen Stellen und Ferienjobs habe ich es bis jetzt geschafft, dass es eine Verbindung zu meinem zukünftigen Berufsfeld gibt. Man kann immer etwas lernen, und für meinen Traumjob lerne ich nicht nur in der Bibliothek, sondern auch, wenn ich vor dem Supermarkt stehe und Bonbons bewerbe. So erfahre ich hautnah, welche Slogans und Kampagnen laufen und wie man sich fühlt, wenn man Marketing-Ideen und -Pläne umsetzen muss. Und man kann sich für einen späteren Posten empfehlen. Nachdem ich am Anfang bei verschiedenen Firmen gearbeitet habe, bin ich jetzt nur noch bei einer Firma, die mich immer wieder fragt. Dort hat der Chef der Marketing-Abteilung auch Interesse an meinem Studium und hat schon signalisiert, dass er mich später gerne übernehmen möchte.

Sprecherin 8 (Aufgabe 54):
Ich habe eine Arbeit an der Uni als sogenannte „studentische Hilfskraft" und ich finde diese Art von Arbeit während des Studiums ideal. In diesem Job geht es für mich nicht nur um das Geldverdienen, auch wenn ich Geld zum Leben verdienen muss, sondern es gibt noch viele andere Vorteile. Mein Arbeitsplatz ist mein Studienort, ich muss also nicht immer hin- und herfahren. Außerdem arbeite ich an einem Lehrstuhl mit und erfahre also, wie wissenschaftliche Forschung und Lehre stattfindet und organisiert wird, und, nach Anweisungen und angeleitet, kann ich sogar selbst ein bisschen mitmachen – wenn ich z. B. Literatur suche. Man bekommt auch mit, wie man Hausarbeiten aufbauen sollte und eine wissenschaftliche These diskutiert. Und das bringt mir mehr, als die paar Euro mehr Stundenlohn, die ich in anderen Jobs verdienen könnte.

Hörverstehen, Teil 2

◀)) Track 2

Sie hören eine Radiosendung. Sie hören die Sendung nur einmal. Entscheiden Sie beim Hören, welche Aussage (a, b oder c) am besten passt. Markieren Sie Ihre Lösungen für die Aufgaben 55–64 auf dem Antwortbogen.
Lesen Sie jetzt die Aufgaben 55–64. Sie haben dazu drei Minuten Zeit.

Duales Studium – Karriere auf der Überholspur oder Ausbeutung? Es gilt als die große Chance und soll das Beste aus allen Welten kombinieren. Im dualen Studium an einer deutschen Hochschule treffen sich die weltbekannte deutsche Berufsausbildung und ein Hochschulstudium. Diese Kombination klingt anspruchsvoll und ist begehrt.

Wir sprechen mit Frau Professor Margit Kockendorf von der Technischen Hochschule Neustadt, Professorin im Bereich Maschinenbau. An der THN gibt es verschiedene duale Studienangebote – Frau Professor Kockendorf, Ihre Hochschule wirbt damit, dass man fast alle Studiengänge auch dual studieren kann. Welche Vorteile eines dualen Studiums würden Sie zuerst nennen?

Als ersten großen Vorteil würde ich wahrscheinlich die Praxiserfahrung nennen. Wir bieten ja unterschiedliche Modelle des dualen Studiums an, und das auf Bachelor und Masterebene. In allen diesen Modellen haben die Studierenden ausgedehnte Praxiszeiten in einem Unternehmen.

Bei dem dualen Verbundstudium Bachelor startet man z. B. mit bis zu 13 Monaten im Unternehmen und hat dann nach sieben Semestern beides: eine abgeschlossene Ausbildung und einen Bachelorabschluss von einer Hochschule.

Und auch wenn Sie bei dem Studium mit vertiefter Praxis keine Berufsausbildung abschließen, haben Sie doch bis zu 50 % mehr Praxiserfahrung als in einem „normalen" Bachelorstudium. Sie dürfen bei diesen Zahlen ja nicht außer Acht lassen, dass wir an den Hochschulen für angewandte Wissenschaften – im Unterschied zu den Universitäten – ja schon immer ein Praxissemester in unserem regulären Studienplan haben.

Wir alle kennen ja die Geschichten, in denen Praktikanten in Unternehmen vor allem Kaffee kochen und kopieren. Ist denn sichergestellt, dass diese Praxiserfahrung wirklich zu einem Mehr an praktischen Kenntnissen und zu dem späteren Beruf führt?

Wir bieten ja gerade im dualen Verbundstudium Bachelor eine Ausbildung im Unternehmen an, und das bedeutet, dass die Studierenden neben ihren Prüfungen an der Hochschule auch die Zwischen- und Abschlussprüfung für die Ausbildung an der Industrie- und Handelskammer absolvieren – also ja, natürlich bilden die Unternehmen diese Auszubildenden genauso aus wie alle anderen. Im dualen Masterstudium wird z. B. die Masterarbeit im Unternehmen geschrieben; das bedeutet auf jeden Fall eine qualitativ anspruchsvolle Arbeit und Forschung in einem Unternehmen.

Sie dürfen nicht vergessen, dass die Unternehmen sich unter diesen Studierenden auch nach ihren zukünftigen Fach- und Führungskräften umschauen.

Welche Vorteile sehen Sie denn in dieser Art der „Inhouse"-Rekrutierung – für Studierende und Unternehmen?

Nun, schauen Sie, zum einen erleben die Studierenden ihr zukünftiges Berufsfeld von innen. Sie lernen den Berufsalltag und die Unternehmens- wie auch eine mögliche Branchenkultur im konkreten Berufsalltag kennen. Sie erfahren auch, mit welchen Berufsbereichen und Kunden sie später kommunizieren werden, und können einen guten Eindruck für eine spätere Übernahme in das Unternehmen hinterlassen. Sie lernen Kommunikationstrukturen kennen, übernehmen Verantwortung, erfahren, was eine Anweisung für die bedeutet, die sie ausführen müssen. Verbindungen und Kontakte, die bei der Arbeit entstehen, sind deutlich nachhaltiger als jede Firmenkontaktmesse an den Hochschulen.

Die Unternehmen dagegen können nicht nur Nachwuchs rekrutieren, sondern haben auch die Möglichkeit, die nächste Generation mit dem Leitbild des Unternehmens und der Unternehmensphilosophie vertraut zu machen. Das ist ein wesentlicher Vorteil auf einem Markt, auf dem heutzutage Unternehmen um Auszubildende und Mitarbeiterinnen und Mitarbeiter konkurrieren – gerade wenn es um naturwissenschaftliche und technische Fächer geht. Außerdem kommen mit den Studierenden oft auch neue Ideen, Theorien und Erkenntnisse aus den Hochschulen, insgesamt also frischer Wind in die Unternehmen.

Und die Hochschulen – was haben die davon?

Auch wir machen das natürlich nicht aus reiner Menschenfreundlichkeit. Für die Hochschulen – gerade für die Hochschulen für angewandte Wissenschaften – haben ausgedehnte Praxiszeiten als Teil der Ausbildung ja eine gewisse Tradition. Unseren Studierenden bei über hundert Unternehmenspartnern vom internationalen Unternehmen bis zu den lokalen Mittelständlern berufliche Perspektiven eröffnen zu können, ist für uns ein Teil unseres Bildungsauftrags.

Dazu kommt, dass die dual Studierenden ja eine Vergütung von den Unternehmen erhalten; sie können sich also auf ihr Fach – in Theorie und Praxis – konzentrieren und müssen nicht über Studentenjobs ihren Lebensunterhalt bestreiten.

Diese Abwechslung in Theorie und Praxis hilft auch gegen Motivationslöcher, also „Durchhänger" während der Studienzeit, da ich immer wieder in der Praxis meines gewählten Berufsfeldes erlebe, dass mein Studium zu einem Ziel führt.

Für duale Studienangebote spricht auf Seiten der Hochschule auch, dass die Abbrecherquoten deutlich geringer sind als bei den nicht-dualen Studiengängen.

Sehen Sie denn gar keine Nachteile?

Es ist natürlich nicht alles rosarot, das ist ja nie der Fall. Ein duales Studium kann zwar eine sehr gewinnbringende Zeit sein, aber es ist selbstverständlich eine intensive Erfahrung, und mit intensiv meine ich vor allem arbeits- und zeitintensiv. Die Studierenden arbeiten im Unternehmen oder haben Semester an der Hochschule; Hausarbeiten müssen teilweise parallel zu den Zeiten im Unternehmen geschrieben werden. Der Stundenplan ist auch sehr eng getaktet. Kurse, die man eventuell nicht geschafft hat, später zu absolvieren oder zu wiederholen, kann schwierig werden.

Allerdings fällt dieser Unterschied vielleicht mehr im Vergleich zu einem Studium an der Universität auf. Die Hochschulen für angewandte Wissenschaften sind ja häufig in Studienjahren und mit einem verhältnismäßig festen Stundenplan organisiert.

Haben die Studierenden dann gar keine Freizeit?

Doch, natürlich! Sie haben sogar den gleichen Urlaubsanspruch, wie ihn auch Auszubildende haben. Diese Konfrontation mit dem Berufsleben und den Anforderungen, die in einem Unternehmen gestellt werden, würde ich sogar als einen Vorteil sehen. Man muss wissen, was man will, und man muss mit Stress umgehen können. Und auch damit, dass man in verschiedenen Welten und verschiedenen Rollen unterwegs ist. Wenn man das aber als Bereicherung empfindet, kann man gerade aus dem Kontakt mit unterschiedlichen Menschen in verschiedenen Arbeits- und Lernkontexten unheimlich viel an persönlichem Austausch mitnehmen.

Für mich klingt es – bei allen unbestreitbaren Vorteilen – doch so, als ob die Freiheit, sich nur wegen des Wissens und des Interesses mit einem Gebiet zu beschäftigen, in diesem Konzept von Studium nicht vorkommt.

Meiner Erfahrung nach hat es etwas mit der Persönlichkeit von Menschen zu tun, ob sie hinterfragend und um des Wissens willen lernen und forschen – oder eher wegen eines konkreten Karriereziels. Die Forscherinnen und Forscher finden Sie überall, nicht nur an Hochschulen, und auch ein Universitätsstudium in theoretischer Physik ist keine Garantie für einen wissbegierigen und unabhängigen Geist. Ich sehe – auch wenn das große Worte sind – die Freiheit des Denkens nicht an eine bestimmte Ausbildungsstätte oder Studienform gebunden.

Und zuletzt noch eine persönliche Frage: Hätten Sie dual studiert, wenn sich Ihnen die Möglichkeit geboten hätte?

Sofort und spontan: Ja, auf jeden Fall. Hinzufügen möchte ich noch, dass für die Professur an einer Hochschule für angewandte Wissenschaften, wie es ja auch die THN ist, von den Bewerbern und Bewerberinnen eine Art „duale Qualifikation" gefordert wird. Wir müssen Berufserfahrung in einem Unternehmen gesammelt haben, das ist eine der Bewerbungsvoraussetzungen für eine Professur.

Ich empfand meine Zeit im Unternehmen nie als einen sinnlosen Umweg und greife noch heute oft und gerne auf diese andere Berufserfahrung zurück. So etwas Ähnliches schon im Studium erlebt zu haben, stelle ich mir extrem gewinnbringend vor.

Frau Professor Kockendorf, vielen Dank für das Gespräch.

TRANSKRIPTIONEN DER HÖRTEXTE

Hörverstehen, Teil 3

Track 3

Sie hören einen Vortrag. Sie hören den Vortrag nur einmal. Sie haben Handzettel mit den Folien der Präsentation erhalten. Schreiben Sie die fehlenden Informationen stichwortartig in die freien Zeilen 65–74 in der rechten Spalte.
Die Lösung 0 ist ein Beispiel.
Lesen Sie jetzt die Stichworte. Sie haben dazu eine Minute Zeit.

Meine sehr geehrten Damen und Herren, ich darf Sie auch heute wieder herzlich zu unserem Seminar zum Schriftspracherwerb begrüßen. Nachdem wir uns in der letzten Woche mit verschiedenen Entwicklungsmodellen schriftsprachlicher Leistungen beschäftigt haben, soll es nun um die Rolle des Handschreibens in der Gegenwart gehen. Dazu begrüße ich auch unsere heutige Gastrednerin Frau Professor Cornelia Lesch. Frau Professor Lesch forscht intensiv zum Schrift- und Bildungsspracherwerb. In ihrer neuesten Veröffentlichung beleuchtet sie den Zusammenhang von schreibmotorischen Kompetenzen und Rechtschreibleistung. Frau Professor Lesch, wir mailen und twittern – ist die Handschrift nicht eigentlich eine vom Aussterben bedrohte Spezies?

Herzlichen Dank, Herr Kollege, für Ihre freundliche Begrüßung! Meine Damen und Herren, um gleich auf die Frage des Kollegen einzugehen: Ich glaube nicht, dass das Handschreiben gänzlich verschwinden wird. Es hat die Erfindung des Buchdrucks und die Schreibmaschine überlebt, es wird auch das Computerzeitalter überleben. Aber natürlich lässt sich im Hinblick auf das Handschreiben schon heute beobachten, dass es als Folge der Digitalisierung zu einer Veränderung der Schreibfunktionen kommt. Und auch die Schreibmedien werden sich mit zunehmender Digitalisierung ändern. Kugelschreiber und Papier haben vielleicht bald ausgedient, nicht aber die Handschrift als solche. Das Schreiben mit der Hand wird jedoch gerade in der deutschen Bildungsdiskussion oft als bedrohtes Kulturgut betrachtet, das man vor den Gefahren der Digitalisierung schützen müsse.

Beispielsweise wurde 2015 in den deutschen Medien darüber berichtet, dass Finnland das Schreiben mit der Hand abschaffe und finnische Kinder in der Schule künftig nur noch auf Tastaturen tippen lernen, statt mit der Hand zu schreiben. Diese Nachricht hat damals die gesamte deutsche Bildungslandschaft in Aufregung versetzt.

Dabei handelte es sich um eine klassische Falschmeldung. Bis 2015 lernten die Kinder in Finnlands Schulen – wie in fast allen europäischen Ländern – zwei Schriften: in der ersten Klasse eine Druckschrift mit einzeln stehenden Buchstaben, die das Lesen- und Schreibenlernen durch ihre deutliche Gliederung erleichtert. Ab der zweiten Klasse kam dann noch eine Schreibschrift dazu, bei der die Buchstaben miteinander verbunden und Wörter durchgängig geschrieben werden. 2015 wurde in Finnland dann beschlossen, in den Schulen ab Herbst 2016 auf die zweite Schrift, also die Schreibschrift, zu verzichten. Als Gründe gab man an, dass die Schreibschrift motorisch zu kompliziert sei. Außerdem wolle man in den Schulen das Tastaturschreiben stärker trainieren, denn flüssiges Tippen auf einer Tastatur sei heutzutage ebenfalls eine wichtige Kompetenz. Und durch den Verzicht auf die Schreibschrift würde mehr Zeit für das Schreiben auf einer Computertastatur zur Verfügung stehen. Finnland steht übrigens mit seiner Entscheidung nicht alleine: Eine ähnliche Entwicklung gibt es in vielen anderen Ländern, wie z. B. in den USA oder auch in der Schweiz. Es ist jedoch immer die Schreibschrift, die als Unterrichtsgegenstand zur Disposition steht, nie das Handschreiben an sich. Das Schreiben mit der Hand steht – auch in Finnland – weiterhin in den Lehrplänen.

Aber was ist eigentlich der pädagogische Nutzen des Handschreibens? Welchen Einfluss hat es auf die Lernleistung? Im Jahr 2019 führte der Verband Bildung und Erziehung zusammen mit dem Schreibmotorik-Institut eine umfangreiche Studie durch, die „Studie über die Entwicklung, Probleme und Interventionen zum Thema Handschreiben", kurz STEP-Studie. Im Rahmen der Studie hat man 2000 Lehrkräfte zum Nutzen des Handschreibens befragt. 90 % der befragten Lehrerinnen und Lehrer schrieben dem Handschreiben eine positive Wirkung auf die schulischen Leistungen überhaupt zu.

Leider fehlen in Deutschland empirische Studien dazu, welche Effekte das Schreiben mit der Hand konkret hat. Wir müssen hier vor allem auf Studien aus den USA zurückgreifen. Und diese belegen empirisch, dass das Schreiben mit der Hand andere Effekte auf Lernprozesse hat als das Schreiben mit einer Tastatur. Nachgewiesen werden konnte tatsächlich eine Verbesserung der Lernleistung aufgrund einer Wechselwirkung zwischen kognitiven und motorischen Vorgängen. Denn im Unterschied zum mechanischen Tippen auf einer Tastatur aktivieren die handschriftlichen Bewegungen spezifische Gehirnregionen. Dadurch werden sowohl die Verarbeitung von Informationen als auch die Speicherung von Inhalten gefördert.

Im Hinblick auf den Schriftspracherwerb möchte ich kurz verschiedene Effekte des Handschreibens etwas konkreter erläutern: Zum einen lernt man durch das Schreiben mit der Hand genaues Schreiben. Dadurch wird beispielsweise auch die Rechtschreibkompetenz gefördert. Das hat damit zu tun, dass das Handschreiben das Wortgedächtnis verbessert.

Zweitens wird durch das Schreiben mit der Hand die Fähigkeit gefördert, strukturiert zu schreiben. Anders als beim Tippen auf einer Computertastatur ist man ja stärker an der Formulierung des Inhalts beteiligt, wenn man mit der Hand schreibt. Man muss genauer planen und überlegen, was man schreiben will und wie man etwas schreiben will.

Der dritte Effekt geht über das Schreiben im engeren Sinne hinaus. Durch das Schreiben mit der Hand lernt man nämlich auch, Inhalte besser zu verstehen.

Das inhaltliche Verständnis wird gefördert, denn zum einen werden Informationen besser verarbeitet, zum anderen werden durch das Handschreiben auch vertiefte Wahrnehmungsformen ausgebildet.

So viel zum Nutzen des Handschreibens. Damit das Handschreiben diese positiven Effekte entfalten kann, ist es wichtig, eine gute Handschrift zu haben. Als eine gute Handschrift kann man eine Schrift bezeichnen, die flüssig, leserlich und ermüdungsfrei geschrieben wird.

Aber wie steht es denn aktuell um die Qualität des Handschreibens in Deutschland? Die bereits zitierte STEP-Studie unter Lehrerinnen und Lehrern in Deutschland zeigt, dass es immer mehr Kindern schwerfällt, mit der Hand zu schreiben. Grundschullehrkräfte erkennen durchschnittlich bei mehr als einem Drittel der Kinder, genauer gesagt bei 37 Prozent der Schülerinnen und Schüler, Probleme mit der Handschrift. Lehrkräfte von weiterführenden Schulen sehen im Schnitt sogar bei 43 Prozent ihrer Schülerinnen und Schüler Schwierigkeiten.

Und in der Tat: Viele Kinder schreiben unleserlich. Als Grund dafür kann man feststellen, dass sie die drei für eine lesbare Handschrift notwendigen Kontrollfunktionen nicht oder nicht ausreichend ausgebildet haben:

Erstens: die Formkontrolle, die eine gleichbleibende Schreibweise der Einzelbuchstaben sicherstellt.
Zweitens: die Größenkontrolle zur Einhaltung einer konstanten Schreibgröße.
Und schließlich drittens: die Abstandskontrolle, die sich auf gleichmäßige Buchstabenabstände bezieht.

Unleserliches Schreiben ist aber nur eine Schwierigkeit, die man feststellen kann. Neben einer unleserlichen Handschrift haben viele Schülerinnen und Schüler beim Schreiben auch zu wenig Ausdauer, d. h. sie ermüden schnell beim Schreiben. Und sie haben Probleme insbesondere hinsichtlich des Schreibtempos. Viele Kinder schreiben sehr langsam.

Laut STEP-Studie erreicht ein großer Teil der Kinder in Deutschland am Ende der 4. Klasse nicht den Kompetenzstandard einer lesbaren und flüssigen Handschrift, der in den Lehrplänen festgelegt ist. Was sind die Gründe für diese Schreibprobleme? Insgesamt kann man beobachten, dass die feinmotorischen Fähigkeiten der Kinder zurückgegangen sind. Das ist sicherlich der zentrale Grund, der auch mit dem veränderten Freizeitverhalten der Schüler zu tun hat. Außerdem steht heutzutage im Unterricht weniger Zeit zum Üben zur Verfügung. Denn die Lehrpläne wurden immer voller, die Menge an Lernstoff immer mehr. Wenn die Schüler weniger Übungsmöglichkeiten haben, können sie keine Schreibroutine entwickeln. Schreibprobleme sind dann vorprogrammiert.

In diesem Zusammenhang erscheint es mir wichtig, zukünftig schon in der Lehrerausbildung das Bewusstsein für die Bedeutung des Handschreibens stärker in den Vordergrund zu stellen. Das ist ja gerade auch im Hinblick auf die aktuelle Diskussion zur Digitalisierung ganz zentral. Denn aktuelle technologische Entwicklungen erlauben die Integration des Handschreibens in digitale Medien. Interaktive Whiteboards, Tablets, digitale Stifte – überall kann die Handschrift als Eingabemedium genutzt werden. Und die technische Entwicklung wird weitergehen, daran kann es keinen Zweifel geben. Wie ich bereits eingangs festgestellt habe: Das Schreiben mit der Hand wird nicht aussterben, aber es wird sich bestimmt verändern.

Herzlichen Dank für Ihre Aufmerksamkeit!

TRANSKRIPTIONEN DER HÖRTEXTE

telc Deutsch C1 Hochschule, Simulation Hören

Hörverstehen, Teil 1

◀)) Track 4

Sie hören die Meinungen von acht Personen.
Sie hören die Meinungen nur einmal. Entscheiden Sie beim Hören, welche Aussage (a–j) zu welcher Person passt. Zwei Aussagen passen nicht. Markieren Sie Ihre Lösungen für die Aufgaben 47–54 auf dem Antwortbogen.
Lesen Sie jetzt die Aussagen a–j. Sie haben dazu eine Minute Zeit.

Sprecherin 1:
Für mich ist das alles eine sehr bequeme Herangehensweise für die Industrie. Im Moment sehen wir, dass die Schuld vor allem bei den einzelnen Konsumenten diskutiert wird. Man sollte aber nicht die ganze Verantwortung bei den Bürgern und Bürgerinnen suchen. Die Industrie ist doch der Motor, um Wachstum und Nachhaltigkeit neu zu definieren und ethischen Konsum möglich zu machen. Vom weltweiten Transport von Gütern bis zu den Produktionsketten, von ethischer Werbung bis zur Verwendung von erneuerbarer Energie – in all diesen Bereichen kann die Industrie doch am meisten zum Klimaschutz beitragen. Produkte, die klimaneutral produziert werden, tragen für mich das stärkste Kaufargument schon in sich.

Sprecherin 2:
Man muss unbedingt zwischen Wetter und Klima unterscheiden. Ich sehe hier das alte Problem der Menschheit: Wir als Spezies können uns langfristige und abstrakte Folgen einfach nicht in aller Deutlichkeit vorstellen. Erschwerend kommt noch hinzu, dass wir in Deutschland in gemäßigten Zonen leben und extreme Wetterereignisse zwar global zunehmen, aber eben nicht wirklich in unserer Nähe. Und so verfallen wir auf der einen Seite in Panik, wenn es in einem Sommer mal eine Hitzewelle gibt, obwohl es schon immer heiße und trockene Sommer gab. Gleichzeitig vergessen wir aber immer wieder, dass ein kalter Winter nichts daran ändert, dass die Durchschnittstemperatur auf der gesamten Erde steigt. Diese beiden Aspekte gleichzeitig betrachten zu können, wäre ein erster, notwendiger Schritt im Kampf gegen den Klimawandel.

Sprecher 3:
Klimawandel ist doch nur das neueste Katastrophenszenario, mit dem die Wissenschaftler mehr Forschungsgelder und die Medien mehr Publikum bekommen wollen. Was habe ich in meinem Leben nicht schon alles gehört: Wir hatten den Dritten Weltkrieg – einen Atomkrieg natürlich – und den sauren Regen mit dem Waldsterben und das Ozonloch. Immer stand der Weltuntergang kurz bevor. Und dann das Jahr-2000-Problem. Die Leute haben protestiert und Bürgerinitiativen geschaffen und es wurde fleißig in den Medien berichtet und viele Studien sind entstanden. Und dann, nach ein paar Monaten oder Jahren hat man nichts mehr davon gehört, und ein neues Problem wurde entdeckt, und alles ging von vorne los. Ich warte einfach darauf, bis der Klimawandel keinen Neuigkeitswert mehr hat, und wenn es die Welt dann immer noch gibt, bin ich gespannt, welches das nächste Problem sein wird!

Sprecher 4:
Ich persönlich vertraue auf die Innovationskraft der Menschen: Wir werden sicher Möglichkeiten finden, dem Klimawandel und der Änderung der Lebensverhältnisse auf dem Planeten mit technischen Erfindungen und einer Neustrukturierung unserer Lebensbedingungen und Lebensweisen weltweit zu begegnen. Ich denke da zum einen an CO_2-Speichermöglichkeiten in Höhlen, im Boden oder in Tanks. Die Wissenschaftler sind da ja schon dran. Zum anderen denke ich auch an eine Urbanität, bei der Menschen in modernen Megacitys leben, in denen die Bewohner z. B ihre Nahrung und die benötigte Energie selbst und direkt vor Ort erzeugen – und das alles klimaneutral! Entwicklungen in diese Richtung gibt es ja schon, das geht von den neu geplanten Städten in Asien bis zu kleinen Projekten. Mir fallen da z. B. neue Anbaumethoden in der Landwirtschaft ein, die die Synerergieeffekte zwischen einzelnen Pflanzen nutzen. Kurz und gut – seine kognitiven Fähigkeiten werden den Menschen wieder einmal retten.

Sprecher 5:
Natürlich unterstütze ich die Aktionen der Klimaaktivisten. Um auf das Problem des Klimawandels aufmerksam zu machen, können die Maßnahmen und Proteste gar nicht radikal genug sein. Besonders die Schüler und Studenten, die da mitmachen, haben völlig recht – bevor sie für ihre berufliche Zukunft lernen, müssen sie erst einmal dafür kämpfen, dass es überhaupt eine Zukunft geben wird, in der sie einen Beruf ausüben können. Jede Generation hat ein Leitthema und für die heutige junge Generation ist es der Klimawandel. Allerdings glaube ich nicht, dass wir jetzt einen Kampf der Generationen heraufbeschwören müssen. Auch die vorhergehenden Generationen haben mit ihren Leitthemen sehr viel zu einer besseren und humaneren Welt beigetragen. Aber niemand kann sich auf dem, was in der Vergangenheit erreicht wurde, einfach ausruhen. Was uns jetzt in der aktuellen Situation alle verbinden sollte, ist das gemeinsame Bemühen, die Erderwärmung zu stoppen.

Sprecher 6:
Für mich ist eine planetenfreundliche Ernährung eigentlich das größte Thema für jeden Konsumenten. Dabei geht es mir nicht um eine Ökodiktatur oder Veganismus als Ersatzreligion oder was für Schlagworte man auf diese Idee nicht auch immer zu hören bekommt. Wissenschaftler haben ziemlich genau errechnet, mit welcher Ernährung wir Klimaschutz mit dem Einkaufskorb betreiben können. Das macht nicht alles gut, aber vieles besser! Und es ist ein Bereich, in dem jeder Einzelne einen Beitrag zum Klimaschutz leisten kann. Und bevor jetzt wieder das übliche Geschimpfe auf Vegetarier kommt: Es ist alles erlaubt – Sie dürfen alles essen, aber eben nur in Maßen. Und wenn Sie sich auf den Straßen der Industrieländer mal genau umschauen, werden Sie feststellen, dass eine bewusste, größtenteils pflanzenbasierte Ernährung vielleicht gar nicht die allerschlechteste Idee ist. Auch wenn man an die Gesundheit denkt.

Sprecherin 7:
Für mich ist die Frage des Klimaschutzes und mit welchen Maßnahmen man der Erderwärmung begegnen kann, sehr komplex: Was mich im Moment aber am meisten stört, ist, dass es mal wieder um eine reine Wohlstandsbewegung geht. Die Menschen in den sogenannten reichen Ländern in den gemäßigten Regionen der Welt haben ja mit dem Wohlstand, den sie sich in den letzten 50 Jahren geleistet haben, nicht unwesentlich zum Klimawandel beigetragen. Mit ihrer Lebensweise haben sie darüber hinaus auch ein Bild von gutem Leben und materiellem Reichtum geschaffen, das jetzt überall auf der Welt als Ideal und Vorbild gilt. Und jetzt, als uns klar geworden ist, dass es so nicht weitergehen kann, erzählen genau die, die den Wohlstand schon erlebt und genossen haben, dem Rest der Welt, dass man doch besser auf diesen Wohlstand verzichten sollte, um die Erde zu retten. Sehr problematisch, vor allem weil die ärmsten Länder jetzt schon am meisten unter den Folgen der Erderwärmung leiden. Wir werden es nicht schaffen, die Erderwärmung zu stoppen, wenn wir unsere Verantwortung auf die armen Länder abschieben und sie damit alleine lassen.

Sprecherin 8:
Es gab schon immer Warm- und Kaltphasen, seit die Erde besteht, das ist einfach eine erdgeschichtliche Tatsache, die man aus den Bodenschichten ablesen und jeder Geologe bestätigen kann. Das ist keine wissenschaftliche Erkenntnis, die im Moment besonders populär ist, aber Popularität muss ja auch nicht das Ziel von Wissenschaft sein. Auch Tiere und Pflanzen sind schon immer ausgestorben, das nennt man Evolution. Natur ist nun einmal grausam und es geht um das Überleben der Art, nicht des Individuums. Aber diese ganzen emotionsgetriebenen Städter, die jeden Baum und jedes Tier retten wollen, haben einfach keine Ahnung davon, wie Natur funktioniert. Fakten, Geologie und Biologie wären nicht schlecht, statt dauernder emotionaler Appelle.

Ende von Hörverstehen, Teil 1

Hörverstehen, Teil 2

Sie hören eine Radiosendung. Sie hören die Sendung nur einmal. Entscheiden Sie beim Hören, welche Aussage (a, b oder c) am besten passt. Markieren Sie Ihre Lösungen für die Aufgaben 55–64 auf dem Antwortbogen.
Lesen Sie jetzt die Aufgaben 55–64. Sie haben dazu drei Minuten Zeit.

Meine sehr geehrten Damen und Herren, willkommen zu unserem Expertengespräch über die Medizin im 21. Jahrhundert. Heute spreche ich mit Frau Dr. Regine Niederölstrich und Professor Dr. Herbert Wichlt über die Rolle der Ethik in der Medizin.
Frau Doktor Niederölstrich ist wissenschaftliche Mitarbeiterin am Lehrstuhl für Praktische Ethik der Universität Neuburg und hat zum Thema Medizinethik promoviert. Professor Wichlt ist Onkologe – also Krebsmediziner und lehrt zugleich an der Medizinischen Fakultät in Neuburg. Vielen Dank, dass Sie heute Zeit gefunden haben. Meine erste Frage an Sie beide – wozu braucht man eigentlich Medizinethik?

Niederölstrich:
Bei der Medizinethik geht es ja, etwas vereinfacht gesagt, um die Moral in der Medizin. Wenn wir die Geschichte der Medizin betrachten, stoßen wir zu allen Zeiten und in allen Kulturen immer auch auf die Diskussion von ethischen oder moralischen Fragestellungen bis hin zu Richtlinien für Ärzte oder Heiler, die das Verhalten ihren Patienten gegenüber betreffen. Ein wesentlicher Grund dafür ist sicherlich die Tatsache, dass die Aufgabe, die Ärzte haben, nämlich Kranke zu heilen, die Menschen seit jeher faszinierte, gleichzeitig machte sie aber auch Angst. Das kann man ja auch heutzutage noch deutlich erkennen, wenn man sich die gegenwärtige Technisierung der Medizin vor Augen führt. Ethische Richtlinien für Ärzte, die bereits für die Antike dokumentiert sind, sollten den Menschen die Angst nehmen. Das zumindest in Europa bekannteste Beispiel und ein Schlüsseldokument antiker ärztlicher Ethik ist sicherlich der Hippokratische Eid. Es handelt sich dabei um eine Art feierliche Selbstverpflichtung von Ärzten zum ethischen Handeln. Die Kernbotschaft lautet ja, dass sich jeder Mediziner in den Dienst der Menschlichkeit stellt. Schon lange bevor es also eine naturwissenschaftlich begründete Medizin gab, wie wir sie in der heutigen Zeit haben, gab es also schon so etwas wie einen Regelsatz zum ethischen Verhalten von Ärzten.

Wichlt:
Für mich liegt das in der Natur meines Faches begründet: Zum einen ganz grundlegend in der Aufgabe, die ich als Arzt habe und für die ich mich auch mit meinem Studium entscheide: Ich werde mein Geld damit verdienen, Menschen zu heilen. Und in dieser doch problematischen Kombination von Geld und der Entscheidung zwischen Krankheit und Gesundheit, zwischen Leben und Tod liegt schon eine Verbindung, über die ich immer wieder nachdenken muss. Ich muss also mein Handeln als Arzt immer wieder auf einer ethischen Grundlage hinterfragen. Und zum anderen ist in der Geschichte der Medizin – gerade in ihren Anfängen – eine stark magische und religiöse, gewissermaßen spirituelle Komponente zu finden.

Niederölstrich:
Das kann man auch ganz konkret im Hippokratischen Eid wiederfinden: Dieser beginnt mit einer Anrufung der Götter, die dem Schwörenden bei der Erfüllung seines Eides helfen sollten.

Was hat sich heutzutage geändert? Und welche Rolle spielt denn der Hippokratische Eid in der modernen Medizinethik?

Wichlt:
Den Hippokratischen Eid gibt es in dieser Form nicht mehr, ersetzt wurde er durch das Genfer Gelöbnis, das zum ersten Mal 1948 formuliert wurde. Es wird als eine moderne Form des Hippokratischen Eides gesehen, natürlich ohne die religiöse Einbindung ...

Niederölstrich:
... die – wie anderes auch – lag natürlich an der Entstehungszeit. Und wie schnell sich gerade die Medizin entwickelt, kann man daran sehen, dass das Genfer Gelöbnis seit seiner ersten Verabschiedung schon sechsmal geändert wurde, zum letzten Mal 2017. Was mich aber viel mehr fasziniert, ist, was seit der Antike gleichgeblieben ist: Das geht von der ärztlichen Schweigepflicht über die Regelung des Arzt-Patienten-Verhältnisses bis hin zum Verbot der Sterbehilfe.

Wieso interessieren Sie sich eigentlich besonders für Medizinethik?

Wichlt:
Wenn ich ein bisschen ausholen darf: Interessanterweise haben viele meiner Kolleginnen und Kollegen ein eher vages Verhältnis zum Hippokratischen Eid: Man weiß, dass es ihn gibt, aber man könnte ihn wahrscheinlich weder in seiner antiken Form noch in seiner aktualisierten Version des Genfer Gelöbnisses zitieren. Das liegt auch daran, dass dieses Gelöbnis im Gegensatz zu anderen Ländern in Deutschland keine Pflicht ist. Was ich aber mit Sicherheit sagen kann: Alle Kolleginnen und Kollegen – und natürlich ich selbst – handeln nach diesen ethischen Vorgaben. Davon bin ich überzeugt! Ausgesprochen sinnvoll finde ich in der aktuellen Version des Genfer Gelöbnisses die Betonung der Patientenautonomie, also das Recht von Patienten, einer medizinischen Behandlung zuzustimmen oder sie abzulehnen, und die Erwägung, dass Ärzte und Ärztinnen auch für die eigene Gesundheit sorgen sollen. Und natürlich stellen wir uns bei unserer Arbeit täglich ethische Fragen, wenn wir Entscheidungen treffen: Wie lange ist es sinnvoll, einen Patienten mit immer neuen, vielleicht auch belastenden Therapien zu behandeln, obwohl klar ist, dass man das Lebensende nur um wenige Monate verzögern kann? Wie kann ich mit der Angst der Patienten umgehen, wenn sie ihre Diagnose erfahren? Und wie gehe ich auf die Angehörigen, die Familie eines Kranken zu?

Und woher kommt Ihr Interesse, Frau Dr. Niederölstrich?

Niederölstrich:
Wenn es um Gesundheit und Krankheit, Angst vor Schmerzen und die Verletzbarkeit des Körpers geht, wird es für uns Menschen sehr schnell ganz grundsätzlich. Für solche Situationen versucht auch die Philosophie, Antworten zu finden. Ethik gehört zur sogenannten praktischen Philosophie. Wir diskutieren über die Voraussetzungen und die Bedingungen des menschlichen Handelns. Und dieses menschliche Handeln ist eben gerade in der Medizin besonders wichtig, weil es um große Entscheidungen geht – und um Menschen, die gerade sehr verletzlich sind. Und dessen waren sich Mediziner wohl schon immer bewusst. An der Medizinethik fasziniert mich also besonders, dass wir hier einen uralten Bereich haben, in dem sich ein Berufsstand – wie Professor Wichlt vorhin beschrieben hat – vielleicht nicht immer reflektiert und bewusst, aber doch sehr konsequent an ethische Regeln hält. Und eine weitere Besonderheit ist diese ständige Anpassung der formulierten Ethik an veränderte Lebensbedingungen – das macht für mich das Thema Medizinethik so spannend.

Neben Ihrer persönlichen Faszination – wie wichtig ist Medizinethik für die Gesellschaft?

Wichlt:
Ich halte Medizinethik zum einen für einen absolut notwendigen Bereich der medizinischen Ausbildung. Zukünftige Ärzte und Ärztinnen müssen lernen, sich mit den Fragen, wann Leben beginnt und endet und was eigentlich ein gutes Leben ist, auseinanderzusetzen. Und glücklicherweise kann man beobachten, dass den ethischen und gesellschaftlichen Aspekten des ärztlichen Alltags seit ein paar Jahren mehr Aufmerksamkeit gewidmet wird. Das zeigt sich beispielsweise auch an mehr Geld für entsprechende Stellen an Medizinischen Fakultäten ...

Niederölstrich:
... Ja, genau. Diese bessere Ausstattung ist für alle wichtig. Und Medizinethik betrifft ja nicht nur die Ärzte, sondern neben dem ganzen Personal im Gesundheitsbereich auch die Krankenkassen und Krankenversicherungen, aber auch und nicht zuletzt die Gesundheitspolitik: Denn auch hier werden Entscheidungen getroffen, die die Rechte und die Stellung von Patienten betreffen.

Können Sie konkrete Beispiele nennen?

Wichlt:
Denken Sie einfach an den Fortschritt in der Medizin und an unsere Erfolge bei der Analyse des menschlichen Erbguts. Das Feld der Genetik eröffnet uns neue Diagnose- und Therapiemöglichkeiten, verschiebt aber auch die Grenzen des Machbaren. Deshalb brauchen wir angepasste ethische Regularien. Natürlich geht es dabei auch um Fragen der Forschungsethik: Welche wissenschaftlichen Experimente dürfen durchgeführt werden, welche sind unethisch?

Niederölstrich:
Wir haben im Moment – dank medizinischem Fortschritt – so viele Themenbereiche, bei denen Entscheidungen, die man zu treffen hat, ethisch betrachtet werden müssen: Von der Frage der Organspenden über die Impfpflicht bis hin zur Digitalisierung der Medizin und zum Thema des sogenannten „gläsernen Patienten", also den Richtlinien zum Umgang mit Patientendaten.

Hier schwingen ja schon doch kritische Untertöne mit. Welche Handlungsfelder sehen Sie ganz konkret in der Zukunft?

Niederölstrich:
Im Augenblick sind für mich vor allem Fragen zur Sterbehilfe interessant: Hier ist es sehr schwierig, Entscheidungslinien vorzugeben, da wir hier an die Kernabsicht der Medizin stoßen, nämlich Leben zu retten. Was bedeutet das aber vor der Betonung der Autonomie des Patienten?

Wichlt:
Ich möchte noch mehr darauf achten, dass Patienten im Mittelpunkt meines Handelns stehen. Gerade in unserer hochtechnisierten Medizin dürfen wir den Patienten hinter unseren Formeln und Maschinen nie aus den Augen verlieren.

Frau Dr. Niederölstrich, Herr Professor Wichlt, vielen Dank für das Gespräch.

Ende von Hörverstehen, Teil 2

Hörverstehen, Teil 3

Sie hören einen Vortrag. Sie hören den Vortrag nur einmal. Sie haben Handzettel mit den Folien der Präsentation erhalten. Schreiben Sie die fehlenden Informationen stichwortartig in die freien Zeilen 65–74 in der rechten Spalte. Die Lösung 0 ist ein Beispiel.
Lesen Sie jetzt die Stichworte. Sie haben dazu eine Minute Zeit.

Meine sehr geehrten Damen und Herren, liebe Studierende, im Rahmen unserer Vorlesungsreihe zu Aspekten der Fremdsprachenlehr- und -lernforschung begrüße ich Sie ganz herzlich zu unserem heutigen Gastvortrag zu einem Thema, das eine grundlegende Voraussetzung für den Erwerb oder das Lernen einer Fremdsprache berührt: Es geht um den Wortschatz bzw. das Wortschatzlernen. Ich freue mich, Ihnen heute mit Herrn Hubert Wollpflüger einen Gedächtniskünstler ankündigen zu können, der uns zum Thema „Wortschatzlernen und Gedächtniskunst" informiert. Herr Wollpflüger, vielen Dank für Ihre Bereitschaft, zu uns zu kommen – wir sind sehr gespannt.

Vielen Dank für die freundliche Einführung. Meine Damen und Herren, ja, ich bin einer von diesen Supermerkern, die bei Wettbewerben innerhalb kürzester Zeit unsinnige Zahlenreihen auswendig lernen oder sich nach nur einem Blick eine zufällige Reihenfolge von Spielkarten merken können. Aber glauben Sie mir, dabei handelt es sich nicht um irgendeine genetisch bedingte, herausragende Begabung oder gar um übernatürliche Fähigkeiten. Wissenschaftler haben kürzlich herausgefunden, dass sich die Gehirne von Gedächtniskünstlern weder in Bezug auf die Größe noch im Hinblick auf andere anatomische Merkmale von denen anderer Menschen unterscheiden. Was aber auch festgestellt wurde, ist die Tatsache, dass bei uns Gedächtniskünstlern manche Verknüpfungen oder Verschaltungen im Gehirn stärker ausgebaut sind. Interessant ist, dass sich so eine Verknüpfung verändern kann, je nach Beanspruchung, vergleichbar mit einem Muskel, den man trainiert. Deswegen würde ich auch lieber von Gedächtnissport als von Gedächtniskunst sprechen. Die Leistung eines Gedächtnissportlers beruht nicht auf einer besonderen Gabe. Sie ist das Ergebnis von intensivem Training, bei dem sogenannte Mnemotechniken zum Einsatz kommen.

Was sind nun Mnemotechniken? Mnemotechniken sind Verfahren, die darauf abzielen, die Gedächtnisleistung zu steigern. Als Gedächtnis kann man die Fähigkeit bezeichnen, – erstens – Informationen passend einzuordnen und – zweitens – die Informationen dauerhaft zu speichern, verbunden mit dem Ziel, diese Informationen – auch nach längerer Zeit – zuverlässig abzurufen. Mnemotechniken bieten eine Vielzahl an Methoden, die eben diese Fähigkeit trainieren.

Die Geschichte der Mnemotechniken reicht bis in die Antike zurück. Dort war die Gedächtniskunst Teil der Rhetorikausbildung. Die Redner des antiken Griechenlands und Roms nutzten verschiedene Techniken der Gedächtniskunst, um sich leichter und schneller an ihre geplante Rede erinnern zu können.

Auch die wahrscheinlich bekannteste Mnemotechnik, die sogenannte Loci-Methode, wurde bereits im alten Griechenland genutzt. Durch ihren Namen, der auf das lateinische Wort „locus" – der Ort – zurückgeht, wird bereits die Art und Weise, wie sie funktioniert, deutlich. Es ist eine „Ortsmethode", man nutzt sie, indem man einen Ort, den man sehr gut kennt, wie die eigene Wohnung, oder auch Wegstrecken, die man oft geht, wie z. B. den Weg zur Arbeit oder zur Uni, nutzt, um sich Dinge zu merken. Der Weg oder das Gebäude müssen dabei nicht unbedingt wirklich existieren, es ist nur wichtig, dass man sich alles gut eingeprägt hat. Ich belege nun, wenn ich mir zum Beispiel den Inhalt eines Einkaufszettels merken will, Orte in meiner Wohnung oder entlang meines täglichen Arbeitswegs in Gedanken mit den Bildern der Sachen, die ich einkaufen möchte. Ich stelle also bestimmte Verknüpfungen zwischen Orten und Bildern her. Zum Erinnern muss man dann den Weg in Gedanken nur noch einmal ablaufen, um sich Bild für Bild zu erinnern. Die Loci-Methode nutzt einerseits die Tatsache, dass unser Gehirn so strukturiert ist, dass Erinnerungen in unserem Gedächtnis oft eng mit Orten verbunden sind. Andererseits speichert unser Gehirn Bilder und Geschichten wesentlich besser ab als abstrakte Begriffe; je lustiger, außergewöhnlicher und verrückter, desto besser. Denn unser Gehirn kann besonders das Absurde und Außergewöhnliche gut abspeichern: Ein Fisch, der aus der Küchenlampe hängt, wird also leichter erinnert, als ein Fisch, der nur im Kühlschrank liegt. Insgesamt betrachtet beruht die Loci-Methode, wie auch andere Mnemotechniken, auf zwei Prinzipien: nämlich erstens auf dem Prinzip der Visualisierung, also der bildhaften Vorstellung, und zweitens auf dem Prinzip der originellen Verknüpfung.

Auch wenn die Loci-Methode insgesamt für das Lernen von Wortschatz vielleicht etwas umständlich erscheint, können gerade diese beiden Elemente für das Vokabellernen – gerade im Deutschen – nutzbar gemacht werden. Denken Sie beispielsweise nur an die Verknüpfung von Genus und Wort. Um bei Wörtern gleich das Geschlecht dazu zu lernen, können wir sie eben auch mit bestimmten Räumen verbinden, die wir klischeehaft mit den jeweiligen Geschlechtern verbinden. Für das Genus Maskulinum könnte eine Autowerkstatt herhalten, für Femininum ein Schuhgeschäft und für Neutrum ein Spielplatz. Es geht hier nicht darum, politisch korrekt zu sein, sondern um die naheliegendste Verknüpfung. Das sind nun mal oft Vorurteile. Wenn ich mir nun merken will, dass das Wort „Affe" maskulin ist, dann verankere ich in meinem Gedächtnis das Bild, wie ein Affe in einer Autowerkstatt großes Chaos anrichtet. Je absurder das Bild, desto besser!

Eine andere Technik, die auch für das Wortschatzlernen immer wieder empfohlen wird, ist die sogenannte Schlüsselwortmethode. Neben der Visualisierung und der mentalen Verknüpfung nutzt diese Methode auch den Klang bzw. die akustische Ähnlichkeit von Wörtern. Vokabeln lassen sich damit effizient und gut lernen. Man geht dabei in zwei Schritten vor: Zunächst verbindet man das Wort, das man lernen will, mit einem ähnlich klingenden Wort aus der eigenen Muttersprache, das als Schlüsselwort fungiert. Dann wird in einem weiteren Schritt eine bildhafte Assoziation hergestellt: Das heißt, dass die bildliche Vorstellung des Schlüsselworts mit einem Bild des übersetzten fremdsprachigen Begriffs verknüpft wird. Auch hier gilt: je eindringlicher, fantasievoller und – im wahrsten Sinne des Wortes – merkwürdiger diese Assoziation, umso effektiver der Lernerfolg. Und natürlich befördert auch die bewusste Auseinandersetzung mit dem neuen Wort das Lernen, denn dadurch findet auch eine zusätzliche aktive Verarbeitung statt. Ein Beispiel dazu: Der Plural des englischen Wortes „mouse" lautet „mice". Sie können sich das einprägen, indem Sie ein mentales Bild entwickeln, in dem viele Mäuse an einem Maiskolben knabbern. Das englische „mice", also Mäuse, klingt ja wie das deutsche Wort „Mais".

Hier wird ein weiteres Prinzip deutlich, nach dem unser Gehirn gerne lernt. Es geht um das sogenannte akustische Gedächtnis. Denn unser Gehirn ist sehr empfänglich für Gleichklang und für Reime, aber auch für rhythmische Gliederung. Auf dem akustischen Gedächtnis beruhen viele altbekannte Merksprüche – und auch mein simpelster, aber ebenso effektiver Tipp: Um fremdsprachliche Wörter und Wendungen zu lernen, eignet sich wiederholtes Mitsingen von Liedern in der Fremdsprache ganz besonders gut.

Kommen wir zum Schluss meines Vortrags. Fest steht: Mnemotechniken können das Wortschatzlernen unterstützen. Aber ich muss doch auch etwas relativieren. Der Neurowissenschaftler Peter Gasser hat kürzlich Mnemotechniken auf ihre neurobiologischen Grundlagen hin überprüft. In seinem Buch „Gehirngerecht lernen" schreibt er, dass ihre unbezweifelbaren Vorteile daher kommen, dass sie die Vernetzung und damit eine sichere Abspeicherung im Gehirn einfacher und effektiver machen. Experten auf einem Gebiet brauchten, so schreibt er, diese artifiziellen Vernetzungen aber nicht mehr, da sie neues Wissen in ihrem Fachgebiet in ein bereits vorhandenes Netz an Informationen einbauen können. Und dazu wollen Sprachlehrende ihre Lernerinnen und Lerner doch eigentlich bringen – dass sie zu Experten in der neuen Sprache werden, die sich neue Wörter in Relation zu dem schon vorhandenen Wortschatz merken können. Wenn Sie also nicht wie ich Gedächtniskünstler oder Gedächtnissportler sind, merken Sie daran, dass Sie meine Tricks eigentlich nicht mehr brauchen, dass Sie schon zum Experten oder zur Expertin geworden sind. Mit diesem Paradoxon möchte ich schließen – vielen Dank für Ihre Aufmerksamkeit.

Sie haben jetzt fünf Minuten Zeit, um Ihre Lösungen auf den Antwortbogen zu übertragen.

Ende des Subtests Hörverstehen.

NOTIZEN